動能致富

每月2分鐘，創造超額報酬！
99啪教你活用動態資產配置，打造最高效投資組合

99啪 著

穩健，還要加成長

關又上 | 暢銷財經作家

　　你一定聽過這樣的故事，美國某大學教授進入課堂中，帶了一個大罐子，還有大石頭、小石頭、細砂，還加上水，問同學們怎麼樣可以讓大罐子裝入最多的東西？

　　教授要展示的是，如果你一開始放入細砂，那麼大石頭就放不進去。所以正確的優先次序是：先放大石頭，占據重要的位置，接下來依序是小石頭和細砂，然後在已經擁擠得不得了的空間再倒水入內。簡單地說，教授在告訴同學們處理一生中事情的優先次序，一如時間管理，「急事」經常打亂了「要事」，但如果要事不予理會和重視，那麼以後就有處理不完的急事。

　　投資也是如此，也有它的優先次序。

　　那麼是先有投資哲學，還是先有策略？工具的選擇又如何呢？

兼論投資哲學、策略與工具的書

台灣的投資者經常優先關注工具的選擇，而我認為，見樹不見林的投資模式很難長期穩定且良好獲利。

投資的三部曲，我常說是先有「適合」自己的投資哲學，然後才可以發展出「有效」的投資策略，接著在既定的投資策略中找「適用」的工具。

《動能致富》這本書在這三方面都有著墨和探討，這是可喜的地方，也是我樂於推薦給讀者的。

一般而言，「動能」的投資模式，成功者獲利頗豐，可惜成功的人比例不高，原因就是那個動能，為什麼呢？做個簡單的比喻，你認為抓蚯蚓容易，還是抓泥鰍容易？主因就是泥鰍的活蹦亂跳，所以動能投資的活蹦亂跳，讓多數人無法輕易駕馭和掌握。

不過，99啪的《動能致富》使用的工具是指數型基金（ETF），也就是目前當紅而且是投資界這二、三十年劃時代的革命工具，讓成功率大為提升。

除此之外，在策略的選擇和探討方面，作者在傳統的資產配置基礎上加入了「動能」的元素，這也是所謂「Smart Beta 特定投資策略」的因子之一，簡單地說，這類投資策略是想兼具超額報酬（Alpha）和貼近大盤績效（Beta），

也可以說是穩健與成長都要。

作者更有企圖心和研究分享的意願，持續探討了幾種動能投資的優化，從「雙動能投資」，進一步優化「加速動能」，再因時度勢，提出了「加速防禦動能」，討論 2022 年暴力升息，債券市場面臨過去二、三十年債券多頭的反轉和衝擊，所應考慮的策略調整，這些都說明了作者對市場實務操作的經驗，以及參考環境變化後的調整，這讓投資策略的豐富和嚴謹度有進一步的優化。

最後，還是要回到投資哲學，這就必須參考每一個人的生活環境和價值觀。作者 99 啪和我認識多年，就我近距離觀察，發現更關鍵的是，他從公務員穩定的受薪者跨入專職的投資者，加上晚婚壯年得子，都再再讓他的投資策略必須守住穩健。而透過他持續地學習精進，不惜一改往日以個股作為投資工具的大調整，也讓投資策略達到穩健中求成長的雙重效益，這完完全全符合了他的投資哲學，以及他現在身處的生活環境。

學而智之，動而證之

能把投資哲學、投資策略和投資工具三者非常貼切且融合的專職投資者不多，99 啪是其一，這個才是你最值得關

注的。

　　99 啪已經完成了他的心得分享，接下來就是讀者親自動手驗證的時刻，不管是學而知之，或者碰到卡關時的困而知之，這本書多閱讀幾遍，你會有收穫的！

從找一棵樹進化到探索一片林

施雅棠｜《30歲警官靠美股提早退休》作者

第一次見到99帕是在2019年，當時我因為投資美股的績效還不錯，資產規模提前達成原先規畫的財務目標後，有感於警察工作繁忙，沒有時間陪伴剛出生的可愛女兒，又很厭倦公務體系的官僚文化，加上認為國家退休金制度難以持續下去，所以決定自請離職，為自己開創自由人生。

然後我才發現，同為公務背景出身的99帕和我的想法可說非常類似，他甚至比我提前一年申請離職，2018年就展開自由自在的生活。我們之間也因為背景相近，彼此特別有話題聊。

其實，成為全職投資人雖然看似自由自在，時間可以自己規畫，人生可以自己主宰，但再也沒有固定薪水入帳，只能每天在市場進出賺錢，如果沒有穩健可靠的策略，就很難真正安心。

市場詭譎多變，宛如溫水煮青蛙

我在 2019 年辭職後，市場可說是一點都不平靜。先是經歷 2020 年新冠肺炎疫情危機，標普 500 指數多次單日下跌超過 7%，而觸發高達四次熔斷機制，並且只用二十一個交易日就下跌超過 35%，創史上最快下跌速度。

然而又因為聯準會同年 3 月 23 日推出「無上限量化寬鬆（QE）」措施，承諾無限量購進債券後，標普 500 指數隨即展開絕地大反攻，2020 年最終收漲 16.26%，2021 年更飆漲了 26.89%。

孰料，2022 年行情卻再度反轉直下。由於全球通膨壓力不斷攀升，美國聯準會一年內一口氣升息 17 碼，創下四十年來最快紀錄。

聯準會的暴力升息，使得股票及債券大幅下跌。2022 年，標普 500 指數收跌 19.44%，而十年期美國國債也下跌 17%，更創 1788 年以來最大年度跌幅。

與 2020 年不同的是，2022 年行情下跌速度相當緩慢，中間偶有反彈給人希望，隨後又再度破底，就這樣緩跌了一整年，宛如溫水煮青蛙。

原本以為像是 2020 年般的迅速下跌最可怕，然而如同 2022 年般的慢慢凌遲也是相當痛苦，即便每次市場回檔理

由不盡相同，但看見資產縮水的恐慌卻總是如此類似。

重點是找出最強勢資產加以布局

就算市場如此詭譎多變，經過那麼多年的多空淬鍊後，99 帕的投資策略早就臻於成熟，也因此更能自在應對市場波動。

而《動能致富》這本書就是他的最新力作，有別於坊間多數挑選飆股的書，這本書的重點為資產配置，使你的目光從找尋一棵樹進化為探索一片樹林，告訴你如何以最省時高效的方式達成財務目標。

股票其實只是多種資產的一環，而每種資產特性都不盡相同。股票、債券、房地產、黃金、原物料在不同景氣循環週期的表現都會不一樣，如何善用景氣循環週期，找出最強勢的資產加以布局，就是本書的主題。

當你的眼光從股票放遠到各類資產，就會發現世界很不一樣。如果股票空頭市場來襲，你要從中找到飆股本身就是非常困難的事，畢竟覆巢之下無完卵，再好的股票也很難全身而退，然而同時間債券、房地產、黃金或原物料等卻可能有更好的表現。

而這就是本書的精髓所在，只要學會觀察各種資產表

現，就懂得如何將資金效率最大化，並根據市場行情或景氣變化，動態調整最佳資產配置，建立風險可控的投資組合，幫助自己提前達成財務目標，早日實現自由人生。

投資，要多一些思考

林政華（大仁）｜「淺談保險觀念」版主

　　在看到《動能致富》這本書之前，我對於「動能投資」的概念有所認識，也曾閱讀相關書籍，但總是感到有些困惑，無法完全理解其精髓。因此，我將動能投資歸類為「難以使用」的策略。

　　然而在閱讀本書之後，我的看法改變了。或許是因為作者以台灣人的視角和口吻來闡述這個主題，使得內容非常容易理解和消化。

　　這本書不僅深入淺出地介紹了動能投資的理念，還逐步教導讀者如何進行回測和實證分析，使整個理論增添了更多可信度。

　　在投資的世界裡，多一些思考總是比不思考更有益。無論你是否已經熟悉動能投資，這本書都值得一讀。

欲言直恐泄天機

林茂昌｜《用心於不交易》作者

　　近代投資理論有一個很重要的假設，認為股價行為好像醉漢走路、隨機漫步一般，你無法預測他下一步會怎麼走。也就是說，你不能從過去的股價預測未來走勢，更不可能根據過去的股價資訊去操作獲利。

　　但實務界早就知道，股價具有動能趨勢，只是難以捉摸。近年來，學界許多研究也證實，股價動能確實存在，而且跨市場、跨商品，適用於個股，也適用於指數與 ETF，簡直無所不在。

　　因此，我們作為一個投資人，關鍵是如何設計一套實用的操作策略，把抽象的動能概念轉化為實際的豐厚利潤。本書以 ETF 為基礎，從「雙動能」切入並加以優化，處處獨到精妙。筆者有幸先睹為快，每有新悟處便喜不自勝，只是，欲言直恐泄天機。

學會精華，不再畏懼股市波動

陳喬泓 | 成長股達人

　　我和 99 咱大是透過投資社團認識的，第一次看到本人時，心想這傢伙的身材未免也太好了吧，185 公分高，精壯結實的身型，怎麼看也不像一般公務員。一問之下，才知道他熱愛籃球，雖然和他約好有空切磋球技，不過因為生活忙碌，還沒機會來場三對三。

　　《動能致富》是 99 咱大睽違六年的最新力作，談的是如何透過 ETF 打造長期穩定獲利，加上搭配自行研究的動態資產配置策略，每個月只需花數分鐘，就能夠創造超越大盤的投資績效！

　　很多投資人以為，辭掉工作、專心操作股票就是退休生活。但我認為，能把時間省下來，陪伴家人小孩、有時間做自己想做的事，才是真正自由自在的退休人生。如果你也嚮往這樣的生活，快把 99 咱大不藏私的投資精華學起來，你將不再畏懼股市的波動，提前實踐財富自由的人生目標。

贏回理想生活的選擇權

德國股神安德烈・科斯托蘭尼（André Kostolany）曾說過：「我這輩子最大的成就，就是我不是任何人的主人，但也不是任何人的僕人。」這也是我人生中一直希望達到的目標，這輩子不求賺到大錢，但至少經濟和思想都能獨立，不用為五斗米折腰，也不必再看別人臉色。

所以我在工作時就持續投資，希望能加速資產的累績。在達到自己預設的目標後（約年薪的 25 倍），我在 2018 年決定辭掉鐵飯碗，等於 40 歲就從公職提早退休，改當獨立自主的投資人。

投資回報更好、風險更低的投資法

當然，我心中很清楚，放棄穩定的工作是要付出代價的，選擇專職投資的生活，意謂著要面臨更高的風險與不確

定性。尤其我過去的投資方式偏向主動投資，沒辦法進行系統性回測，很難判斷未來如果在更長的市場週期下，會有什麼樣的投資表現。

所以我心中一直存在危機感，一方面除了做好資產配置、分散投資、降低風險，一方面持續研究新的投資方法，並且進行系統性的回測。希望未來不僅在股市多頭時能夠獲利，更重要的是，遇到大型股災時（比如 2000 年科技泡沫化、2008 年金融海嘯等），我的投資組合也能相對抗跌，禁得起時間考驗。

後來偶然接觸到國外的資產配置理論，我才發現除了採取固定比例的傳統配置做法外，還有一種是「動態資產配置」，會依照景氣循環或市場變化等狀況彈性調整比重。

這種做法每個月只需要花一點時間檢視或調整，一樣是屬於省時省力的投資方式，但長期統計的投資回報更好，風險也更低，同時兼具主動投資與被動投資的優勢，於是我開始研究並納入投資組合。

通過股災考驗的新投資哲學

回顧 2018 至 2023 年，這五年的股市波動劇烈，諸如 2018 年中美貿易大戰、2020 年肺炎疫情、2022 年聯準會暴

力升息等，對投資人都是嚴峻的考驗。但經過這幾年股災的洗禮及實戰經驗後，我更加確信這種動態調整的做法有效，因為它能幫助我降低投資風險，提高投資效益，即使離開職場後，資產仍然可以穩健成長。

本書就是分享我過去這段期間的投資心得與體悟，並且會帶領讀者從基礎開始入門，從如何選擇投資工具、如何評估風險與報酬，到如何做好資產配置。

接著進入動態資產配置，本書重點會放在動能投資，從理論基礎、執行方式、回測結果與個人實戰經驗分享，並且會介紹幾種策略，從積極到保守，適合不同需求的投資者。

另外，從書中的量化數據也可以看到，這幾種策略即使經歷多次大型股災的考驗（包含 2000 年科技泡沫化、2008 年金融海嘯等），長期統計年均複合成長率仍有約 10 至 18%，與傳統配置相較之下，不僅回報更高，風險管理也做得更好。

當然，這種做法絕對不會是報酬最高的投資策略，但考量到所花費的時間、精力，卻是我認為能兼顧降低風險、提高回報及生活品質的最好方法，也是非常適合一般人複製的長線投資策略。

此外，在見證近幾次罕見的股災後（比如 2020 年美股的四度熔斷、2022 年聯準會罕見的暴力升息等），「動態思

維」也成為我的投資哲學，以及建構交易體系的核心基礎。因為我深刻體會到，在金融市場裡沒有什麼是不可能的事，投資人在心態上必須保持謙卑及彈性，市場唯一不變的原則就是變，也沒有人可以預測未來變化。但如果我們的投資組合能隨著市場變化進行動態調整，相信未來更有機會通過長期多空的考驗。

看到這裡，如果您對上述主題想做更深入的了解，請再多花一點時間閱讀本書。建議先看過〈前言〉，可對書中輪廓有更完整的認識。

我也期待本書能為您帶來新的投資視野，未來一起打造更穩健高效的資產成長計畫，早日贏回理想生活的選擇權，擁有更富足的人生。

目錄

第一章　選對投資工具，省時又高效

第二章　學會評估風險與報酬，打造最適投資組合

前言

學習「正確」投資，
才能長期穩定獲利

　　大家學習投資的動機，不外乎是希望增加財富，提早達到財務目標，比如提高生活品質、買房、存退休金等。但很多人學了投資後卻遲遲不敢進場，或者進場後花了很多時間和心力研究，可是績效始終不如預期，或長期落後市場平均報酬，甚至虧損。

　　這些都是一般人投資的痛點，根據我的經驗歸納起來，可分成三大主題來討論：

一、為什麼要盡早投資？

二、為何多數人投資會失敗？

三、怎麼做才能長期穩定獲利？

為什麼我們需要盡早投資？

　　首先來談談第一點：為什麼要盡早投資？我舉個具體例子來說明。

　　小明和小王都是上班族，兩人都是30歲，月薪5萬元，每個月可存1.5萬元。他們都希望做到60歲退休，並且可以存到一筆退休金，保障老年生活。唯一的差別是，小明持續在投資，而小王個性保守，只把錢存在銀行。

　　假設小明從30歲開始投資到60歲，平均年化報酬率是7%，到了60歲退休後改為較保守的投資，報酬率降為4%，假設通貨膨脹每年是3%。計算之後，小明的退休金經過三十年的複利，可以累積到1,840萬元，退休後每個月可以從退休金提領10萬元當生活費。

　　至於小王，因為他的理財方式只有存錢，假設他退休前後的投資報酬率都是定存1%，通膨同樣是3%。三十年後，小王只存到630萬元，退休後每個月只能提領2萬元當做生活費，而且因為他的報酬率趕不上通膨，實質購買力是持續下滑。

　　所以三十年後，小明的資產是小王的2.9倍，每月生活費是小王的5倍，原本條件幾乎一樣的兩人，經過三十年後竟產生如此大的差別。

因此，為什麼要投資？從上面例子我們可以得到兩個簡單的結論。在防守方面，我們要對抗通膨，維持原本現金的購買力；在進攻方面，則是為了要讓資產成長，希望將來能提高自己的生活品質或達到財務目標。

　　而不投資，短期看還很安全，拉長時間看就可以很清楚發現，這才是最大的風險。

為何多數人投資會失敗？

　　既然投資很重要，接下來要討論第二點：為什麼多數人投資會失敗？

　　回顧過去各種資產長期的回報，經過統計，自 1802 至 2021 年止，扣除通膨後，股票在這段期間帶來 2,334,990 倍的回報，平均年化報酬約 6.9%，債券則帶來 2,163 倍的回報，平均年化報酬約 3.6%。

　　這段期間即使經歷了經濟蕭條、戰爭或各種股災，但最後長期來看，這些資產仍帶來豐厚的回報。所以前面例子中假設退休前的投資報酬率 7% 及退休後比較保守的 4%，其實只要能取得資本市場的平均報酬，基本上就很有機會達到目標。

　　但為什麼多數人的投資仍然會失敗呢？因為投資是有風

險的，過程並非一帆風順。

　　圖 A 可以很貼切地說明這種情況。一般人以為的長期投資是一個平緩的上坡，輕輕鬆鬆就走到終點。但實際上的長期投資，卻要碰到各種顛簸路面或凹陷的坑洞，必須經歷各種風險、排除萬難後才能抵達目的。

圖 A　投資過程並非一帆風順

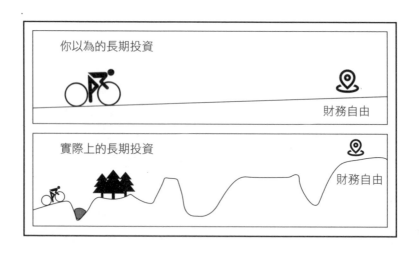

　　所以多數人之所以會投資失敗，就是因為不懂得管理風險，以至於無法走完全程。

　　那麼投資到底有哪些風險？又該如何管理？

第一種風險稱為「非系統性風險」，指的是個別產業或公司所造成的風險，像是因為公司營運狀況造成股價波動等。第二種是「系統性風險」，指整體環境因素對市場造成的衝擊，比如過去的科技泡沫、金融海嘯或近幾年的肺炎疫情及通膨升息危機等。最後一種是「行為風險」，這是很多人都會忽略的風險，但我反而認為這是投資很關鍵的因素，因為人在投資過程中其實是非理性的，常常因為情緒影響或無法克服人性而做出錯誤決策。

如何才能長期穩定獲利？

所以想要長期穩定獲利、順利抵達目標，最重要的就是學會管理風險；投資前要先看風險，再談獲利，只要管理好風險，獲利自然隨之而來。

那麼我們該如何管理這些風險，以及本書能提供何種解方呢？

一、非系統性風險

非系統性風險可以用分散不同產業或公司來降低風險，而 ETF 就是很適合的投資工具。所以本書一開始會先帶你認識 ETF，藉由 ETF 分散投資來降低這方面的風險。

同時我會帶你從另一個角度來看動態配置如何讓 ETF 降低這部分的風險，因為 ETF 於成分股汰弱留強的能力，其實就是動態配置策略的運用，比如市值加權的 ETF 在本質上就類似操作時間框架較長的動能交易系統。

二、系統性風險

系統性風險雖然無法分散避免，但可以透過資產配置的方式，降低投資組合的波動，達成個人風險與報酬的平衡。

傳統的資產配置是將資金配置在不同且低相關性的資產類別，以及依個人需求決定不同比例後定期再平衡，所達到的資產配置效果。這種方法通常會固定配置大比例的債券，來對沖系統性風險。

這種做法很適合長期低利率的環境，但需要承擔較高的利率風險，一旦利率環境或趨勢改變，就很難對沖系統性風險。比如 2022 年聯準會的強力升息，造成股債雙殺，傳統的股六債四組合也曾出現超過 20% 的下跌。

所以，投資人不僅在個股上需要動態調整，當提升到資產的層次也同樣需要，如此才能降低系統性風險，而動態配置一樣也可以應用在資產類別上。

因此本書會介紹新型態的資產配置觀念及動能策略，能依照市場變化或景氣狀況進行動態調整。如果加入投資組合

中，風險會比傳統投資組合更低，回報更高，而且和被動投資一樣省時省力，每個月只要花兩分鐘觀察或調整，是一般人也能複製的投資績效。

舉一個本書會介紹的動態配置策略為例，圖 B 中的紅線是標普 500 指數，黑線是動態配置範例，統計時間從 1998 至 2022 年。

圖 B　動態資產配置與標普 500 指數績效比較

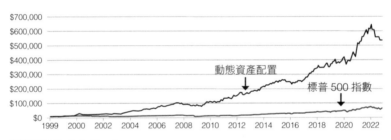

資料來源：Portfolio Visualizer

可以看到在過去二十五年裡，這個配置策略的年均複合成長率是 17.21%，淨值總共成長了 52.9 倍，同期標普 500 指數的年均複合成長率為 7.53%，淨值僅成長 7.5 倍，這個配置策略的報酬遠勝大盤。

至於風險部分，標普 500 指數在過去幾次股災中，比如

科技泡沫、金融海嘯、中美貿易戰、肺炎疫情、通膨危機等，都曾出現 20 至 51% 的下跌，但這個配置策略僅下跌 12 至 24%，所以在風險管理上也表現得更好，如果資產配置也能加入動態調整，將更能打造攻守兼備的投資組合。

三、行為風險

事實上，投資人往往高估了自己的風險承受能力，因此培養風險與報酬的評估能力相對重要。在本書中，我會詳細說明衡量風險與報酬的方法，並透過長期的歷史回測，建立一個以規則與實證為基礎的投資系統及行為投資法，讓你在未來面對市場波動時，能有足夠的定見與遠見，堅守投資紀律，管理好行為風險。

同時我也會分享我的實戰經驗，提醒過程中會碰到的困難以及該如何克服，並以存退休金為例，一步步示範如何提早達到目標。

總結來說，本書的目標就是要帶你建立一個以財務目標為導向、風險管理為主軸的投資策略，幫助你平安順利地抵達自己的目標。接下來就跟著我一起深入了解「動能致富」的奧祕！

第一章

選對投資工具，
省時又高效

01

投資工具停看聽：
ETF 是什麼？

　　想要讓投資更省時高效，首先就是要選擇對的投資工具，而 ETF 就是一種很推薦的投資方式。但很多人對 ETF 有一些誤解，或者觀念不夠清楚，所以這裡會先做一些簡介，幫助你更完整地認識 ETF。

從英文理解 ETF，才是正解

　　ETF 的英文是「Exchange Traded Fund」，引用台灣證券交易所的中文名稱是「指數股票型基金」，但我認為這種名稱很容易讓人誤解，好像類型只限於股票，因此建議從英文理解較好。從英文直譯就是「交易所買賣基金」，因為 ETF 就是在證券交易所上市交易的開放式基金，可以在交易所直接買賣，所以種類很多元，不限於股票，還包括債

券、原物料、甚至期貨等。

ETF 同時兼具了共同基金與股票的特色，我們可以把它拆開成三個部分來談，主要分為「基金」、「指數」、「股票型」。

- **基金**：ETF 是由投信公司發行的共同基金，而且屬於開放式基金。
- **指數**：ETF 不是由基金經理人主動投資管理，而是追蹤、模擬或複製標的指數的績效表現。所以才會稱 ETF 是被動式管理，被動追蹤一個特定指標的表現。
- **股票型**：ETF 的交易方式不像共同基金需要向基金公司申購或贖回，而是像平常買賣股票一樣，在集中市場掛牌交易。所以只要在交易時間內，都可以很方便地買進或賣出。

以目前台灣規模最大的「元大台灣卓越 50 基金」（簡稱「元大台灣 50」，代號 0050）為例，套用前面三個特點來看，它是由元大投信發行的開放式共同基金，追蹤的是台灣 50 指數，然後在集中市場掛牌交易，所以投資人如果要交易，只要在台股開盤時間就可以隨時進行。

ETF、共同基金、股票的異同

至於 ETF、共同基金、股票三者到底有什麼不同？從一般投資人角度，這裡分別用「持有方式」、「數量」、「管理方式」、「交易對象」與「交易方式」來進行說明（參表1）。

表1　ETF、共同基金、股票的差異

	ETF	共同基金	股票
持有方式	間接	間接	直接
數量	分散	分散	單一
管理方式	被動為主	主動為主	主動
交易對象	投資人	基金公司	投資人
交易方式	交易時間市價	每日淨值	交易時間市價

一、持有方式

ETF 和共同基金具有一樣的特性，它們都是屬於間接持有基金的成分股，數量比較分散。比如投資人買入「元大台灣50」，就等於間接持有裡面的成分股，而且是分散在台灣市值前五十大的公司。反觀股票則是屬於直接持有，而且數量單一。比如投資人買進台積電（2330）的股票，等於直接成為台積電的股東，然後數量只有一家。

二、管理方式

前面講過，ETF 是追蹤、模擬或複製標的指數，原則是以被動的管理方式為主；共同基金通常是由基金經理人主動選股操作，所以原則是以主動的管理方式為主；如果是投資個股，則一定是要由投資人主動管理。

為什麼 ETF 和共同基金的管理方式會說是原則呢？這部分很多人會有誤解，因為按照類型的不同，ETF 其實也可能會有主動管理的加入，甚至出現完全主動操作的 ETF。

而共同基金並非都是主動式管理，其中指數型基金也同樣是採追蹤特定指數的被動式管理。這點對一般投資人來說或許比較陌生，但市場上也有很多這類型的指數型共同基金，尤其在美股，有些這類型基金的歷史甚至比 ETF 還更悠久，這部分將於後面再介紹。

三、交易對象與交易方式

ETF 的交易方式分成「初級市場」及「次級市場」，初級市場的參與者多為法人，如發行商、證券商及機構投資人等，而大部分的投資人所接觸的都是次級市場。ETF 在次級市場的交易對象及交易方式就和一般股票一樣，只要在開盤交易時間內，就能以 ETF 的市價進行交易。由於 ETF 的市價不一定等於淨值，所以交易時有可能出現折價或溢價。

至於共同基金，一般投資人的交易對象是基金公司，所以通常會以基金的每日淨值來與基金公司進行交易。

　　以上是 ETF 的一些基礎觀念，希望能幫助你對於 ETF 有更完整的認識。

02

投資工具的首選：
你一定要知道的 ETF 優點

前面介紹完 ETF 的基礎觀念，接下來談談為何投資人要把 ETF 作為優先考慮的投資工具。

ETF 的優點大概可歸納為以下幾點，分別是「管理費低」、「交易方便」、「分散風險」、「定期汰弱留強」、「紀律投資」，最後是「可以獲得指數績效，省時省力」。其中我認為最重要的是「分散風險」、「汰弱留強」、「紀律投資」，以及「省時省力」。

優點一：管理費低

和一般主動型共同基金比起來，ETF 的管理費有著明顯優勢。因為一般共同基金的管理費動輒可能 2 至 3%，但許多 ETF 的管理費都在 0.5% 以下。

投資要面臨的不確定性很多，但費用高低卻是我們少數

在投資當下就能掌握的因素，對於未來資產的累積也會帶來很重大的影響。

舉例來說，假設小明與小王各以單筆 10 萬元投資於年均複合成長率 6% 的標的，總共投資 25 年。兩人的投資金額、報酬率及投資年限都相同，唯一差別在於小明的投資標的沒有內扣費用，小王的投資標的則有 2% 的內扣費用，也就是說，小王比小明多付出了 2% 的管理費。那麼這兩人在投資 25 年後，各自累積的資產會相差多少？

答案是，小明的投資經過 25 年的複利，最後累積的總額約 43 萬元。反觀小王，因為多付出 2% 管理費的成本，因此最後累積的資產只剩下約 26 萬元。與小明相比，最後獲利少了約 17 萬元，等於總報酬少了約 40%，這相當於他的資產多遇到了一次大型股災的跌幅。

從這裡可以了解到，選擇投資工具時一定要以管理費低的為優先考慮。

優點二：交易方便

前面已經說過，ETF 的交易方式就和股票一樣，所以它的交易很方便，相較於共同基金，則有更好的流動性。

優點三：分散風險，汰弱留強，幫助投資人紀律投資

〈前言〉提到，風險主要分成「非系統性風險」、「系統性風險」及「行為風險」。在非系統性風險方面，由於 ETF 可以分散標的並且動態調整，所以能夠幫助投資人降低非系統性風險。而在系統性風險方面，因為 ETF 可以方便我們做更多元分散的資產配置，只要小小資金，就能打造一個適合自己的投資組合。至於行為風險，很多人會忽略這個優點，但我認為這是 ETF 非常大的優勢之一，就是它可以幫助投資人克服人性，進行有紀律地投資。

以台積電（2330）和宏達電（2498）占「元大台灣 50」（0050）成分的比重為例，雖然這幾年台積電的占比相當高，而宏達電早已不是「元大台灣 50」成分股，但其實這是長期累積下來的結果。

回顧 2010 年 10 月，當時台積電占「元大台灣 50」的比重僅 14%，宏達電占的比重為 4.9%。也就是說，當時這兩檔股票占「元大台灣 50」比重的差距僅為 9.1%。但後來因為台積電的產業地位領先、獲利持續成長，股價自然會反映基本面。而在股價長期上漲的情況下，公司市值也會持續成長。

而「元大台灣 50」主要是以公司市值大小作為調整權重的依據，所以台積電在經過了五年後（2015 年 10 月），

所占比重已經調高到 25.3%。

　　至於宏達電在那段期間，因為產業優勢不再，業績持續衰退，基本面不好也反映在股價上，之後股價持續下跌，公司市值變得愈來愈小。同樣五年後（2015 年 10 月），因為宏達電的市值已不符合入選標準，於是就被踢出了「元大台灣 50」的成分股（參圖 1）。

圖1　台積電與宏達電 2005 年 10 月至 2010 年 10 月股價狀況

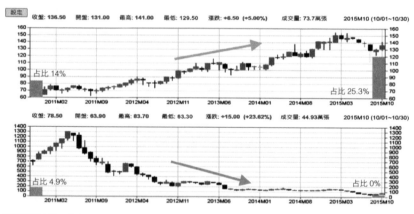

圖片來源：Goodinfo

　　若把「元大台灣 50」當做一個基金經理人來看，它等於在這段期間裡不斷地加碼台積電這檔好股票，而且隨著台

積電股價的上漲，占它投資組合的比重愈大，也更能參與公司的成長，形成正向循環。同時不斷地減碼宏達電這檔持續下跌的股票，隨著占比愈來愈小，對投資組合的傷害也就持續下降，最終全部出清。

我們也可以想像，如果一般散戶在 2010 年 10 月的投資組合同時持有台積電與宏達電兩家公司，之後一個股價持續上漲、一個持續下跌，這時他們通常會如何處理呢？就一般經驗來說，很多散戶會選擇將台積電獲利了結，入袋為安，然後去攤平套牢的宏達電，也就是會出現「汰強留弱」的行為。

但「元大台灣 50」就不會出現這種情況，因為它是以客觀的市值當做調整的標準，永遠都會以汰弱留強的方式進行操作。因此，選擇這種市值型 ETF 通常都具有這樣的優勢，它可以幫助投資人克服人性、有紀律地投資，並且讓投資組合永遠處在汰弱留強的狀態。

所以，正因為 ETF 具有自動汰弱留強的能力，才能幫助投資人降低非系統性風險及行為風險，這種動態調整的能力其實就是一種動能投資系統，對於內部成分股，藉由不斷地動態調整來汰弱留強。只不過時間框架比較長期，通常是以季為單位。

至於如何降低系統性風險，同樣可以透過動態調整的方

圖 2　散戶和 0050 的投資特性

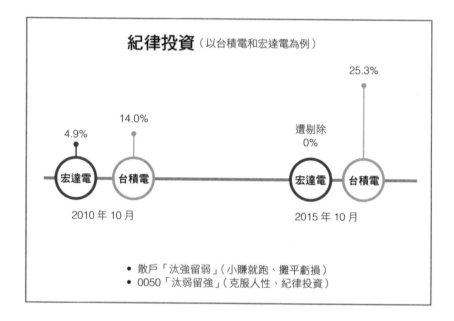

式來進行，這些會在後面章節再做更深入地介紹。

　　而除了大家熟悉的台股，再舉其他海外 ETF 做比較。此處列舉三檔非常知名的美股 ETF，它們的投資標的都非常分散。比如投資「Vanguard 全世界股票 ETF」（Vanguard Total World Stock ETF，代號 VT），等於買入全世界四十多個國家的股票，其中包含九千多檔個股；投資「Vanguard 整體股市 ETF」（Vanguard Total Stock Market ETF，代號

VTI），則包含美國大、中、小型公司近四千檔個股；投資「Vanguard 標普 500 指數 ETF」（Vanguard S&P 500 ETF，代號 VOO），則是買入美國前五百大最具代表性的公司。這幾檔 ETF 的管理費都非常低，從 0.03 至 0.08%，都具有汰弱留強的機制，也就是會定期按權重調整。

這三檔美股 ETF 都具有前面講的幾個優點，而且從表 2 可以看出，在分散風險及管理費方面，相較於「元大台灣 50」有明顯的優勢。所以投資不必只局限在台股，如果可以布局海外，投資選擇會更多元，風險也能更分散。

表 2　美股 ETF 與 0050 的比較

代號	追蹤指數	投資區域	持有個股	總管理費
VT	富時全球全市場指數	全球	9,570 檔	0.07%
VTI	美國全市場指數	美國	3,861 檔	0.03%
VOO	標普 500 指數	美國	506 檔	0.03%
0050	台灣 50 指數	台灣	50 檔	0.43%

期間：截至 2023.8.31／資料來源：各基金官網／作者整理

優點四：省時省力

最後要談 ETF 另一個重要的優點，就是可以幫助投資人獲得指數績效，而且省時省力。

比如上述這幾檔 ETF 的投資風險雖然很分散，卻一樣能繳出不簡單的績效。表 3 列出了它們過去一年、三年、五年、十年的年均複合成長率，可以看到如果是一年以上的投資都是正報酬，甚至很多都是兩位數的回報；如果堅持投資十年，至少都是翻倍成長。而這些回報，只需要長期投資就可以獲得。

表 3　各年期年均複合成長率

代號	1 年	3 年	5 年	10 年
VT	14.09%	7.56%	7.43%	8.75%
VTI	14.78%	9.70%	10.18%	12.19%
VOO	15.95%	10.47%	11.09%	12.78%
0050	13.05%	11.07%	12.35%	12.02%

期間：截至 2023.8.31／資料來源：各基金官網／作者整理

　　這種省時省力的方法一樣能繳出不簡單的績效，基本上已經可以贏過市場八成以上的投資人，這也是為什麼很多專家會鼓勵投資人從指數投資開始。

　　例如股神華倫・巴菲特（Warren Buffett）就曾經多次提到，個人投資者的最佳選擇，就是買入一支低成本的指數型基金，並且長時間定期買入，這樣就能打敗大多數的投資

專家。（不過要注意的是，巴菲特所講的指數型基金，其實是前面所提到被動式的「指數型共同基金」，但因為目前台灣投資人無法投資這類型海外基金，所以就是要買入 ETF 來取得追蹤指數的績效。）

因此看到這裡，就得思考兩個問題：

第一個問題就是問自己，在過去同樣期間的績效（比如三年、五年、十年間），有沒有比這幾檔 ETF 還要好？如果沒有，那就要思考是否還需要主動選股或擇時操作，畢竟主動投資的目的，通常是為了追求超額報酬。

第二個問題是如果績效比較好，那會是好多少？背後所付出的時間或精力是否值得？比如過去五年「元大台灣 50」的年均複合成長率是 12.35%，可能你的績效更好，同期的年均複合成長率是 13%。但你為了多出這一些報酬，過去五年可能花了很多時間研究個股財報或基本面，或者每天看盤、研究線圖、籌碼、技術分析等，才能取得微小的優勢，卻因此犧牲了自己的生活品質或和家人相處的時間等，這時就要思考這樣的付出到底值不值得？

如果前面兩個問題的答案都是否定，比如投資績效沒有比這幾檔 ETF 好，或者就算比較好，但你認為這樣的付出

並不值得，那麼我會建議從現在開始就應該改變，也就是換成 ETF 當做你的主要投資工具，投資要先求穩，之後才有機會穩中求勝。

03

ETF 選擇障礙？
提高效益不踩雷的選擇法

　　要投資一支基金，通常要先了解基金經理人的投資理念及策略。投資 ETF 也一樣，ETF 所追蹤的指數編製方式就代表了它背後的投資策略，所以要選擇哪些投資標的之前，最重要就是必須先了解指數的編制方法有哪些種類。

投資策略不同，影響指數編製方式

　　如果以主被動投資來區分，通常有以下幾種。

一、依股票市值或價格調整權重的被動投資
　　常聽到的大盤指數大多為「市值加權」或「價格加權」這兩種方法，屬於被動投資。這種指數編製方式就是投資整個市場，之後再依股票市值或價格進行權重的調整。

（一）**市值加權**：意思是 ETF 裡的持股只要市值愈大，這家公司的權重就會愈大。比如「元大台灣 50」（0050）裡的台積電（2330）因股價持續成長，市值愈來愈大，所以它占「元大台灣 50」的權重當然跟著增加。而股價長期會反映基本面，也會反映公司的經營狀況或成長力道。

像這種市值加權的指數編制方法，能有效率地將持股汰弱留強，減少個股風險。也是長期驗證有效、優先推薦的指數編制方法，「台灣 50 指數」、美股的「標普 500 指數」（S&P 500 Index）、「那斯達克指數」（NASDAQ Composite Index）等，都是屬於這類型指數。

（二）**價格加權**：這種調整方法就不是看市值，而是看價格，只要股價愈高，所占權重就會愈大。比如說「道瓊工業指數」（Dow Jones Industrial Average）和「日經 255 指數」（Nikkei 225 Index）等，就是屬於這類編製方法。

但這種編制方式比較不理想，因為一家公司的股價其實會隨著公司的合併或分割而變高或變低，儘管這種變動與公司經營狀況、營收及未來的成長力道完全無關，但所追蹤的指數會因為這種變化而調整公司的比重，並不是合理的調整策略。

所以，價格加權是相對不理想的指數編製方法，因為無法實際反映出個股的基本面或投資價值。

二、依選擇指數的策略調整權重的主被動投資

第二種方式屬於策略性的調整，依照選擇指數的策略，採用不同的標準作為調整權重的依據。策略性的指數編製方法就有主動投資的加入，或者說是一種介於主動與被動之間的投資方式，因為會依照所選擇條件的不同來當做選股依據，或者進行權重的調整。比如「等權重加權」、「股利高低」、「基本面加權」等條件，過去大家常聽到的因子投資，也是屬於這種類型的投資方式，舉例說明如下。

（一）**等權重加權**：將投資組合的資金做平均分配，使每個股票的比重都相等，例如標普 500 的等權指數。

（二）**股利高低**：這種策略加權是按照股利的高低來調整，只要公司發的股利愈高，權重就愈高。比如「標普高股利指數」和「台灣高股息指數」，就是屬於這類型的編制方式。

（三）**基本面加權**：這是依照公司的各種基本面因素來做加權，例如營收、獲利情況，包含現金流、帳面價值等，像是「美國 1000 基本面指數」等。

所以，策略加權其實是透過一種主動策略的模式來篩選適合的個股，並依照各種不同的因素作為調整權重的依據。

三、不追蹤特定指數的完全主動投資

最後一種屬於完全的主動調整，前文中曾經提過，這也有可能是 ETF 的一種類型。這種 ETF 沒有追蹤一個特定指數來當做投資依據，而是由基金經理人主動操盤。其實這就和一般主動型共同基金的概念一樣，比如過去幾年方舟投資公司（Ark Invest）十分熱門的旗艦基金「ARK 新興創新 ETF」（ARK Innovation ETF，代號 ARKK），就是屬於完全主動的 ETF。所以投資人不要一看到 ETF，就以為都是屬於被動投資，還是要進一步了解各別 ETF 背後的投資邏輯。

優先選擇市值型 ETF，投資不確定性較低

前面講的幾種指數編制方法最大的差別，其實就在於主動投資參與的比重。從圖 3 可以看到，由左至右逐漸增加主動投資的比重。

比如市值型 ETF 就是屬於最被動的 ETF，中間的策略型 ETF 開始加入主動的操作機制，最後再到連追蹤特定指數也沒有的完全主動型 ETF，直接由基金經理人主動選股操作。

那麼這些不同種類的 ETF 該如何選擇呢？從圖 3 歸納

圖 3　ETF 的挑選──從被動到主動

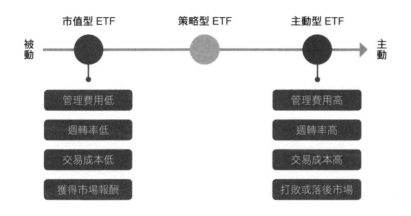

的特點來看，市值型 ETF 的管理費通常較低，週轉率也較低，因為以市值加權來說，大都是按季調整，而且成分股的比重不會一下子變化太大，所以交易次數和成本也會較低。

　　而愈偏向主動的 ETF，管理費用就愈高，畢竟加入了主動策略的運用。而且它的週轉率相對較高，交易成本也就跟著提高。

　　如果從投資效益的角度來看，我通常會建議優先選擇市值型 ETF，因為不僅具備前面講過的優點，投資的不確定性也相對較低。

　　至於選擇其他偏主動的 ETF 也不是不行，但你在投資

前就要有所認知，必須承擔前面所講到的缺點或風險，因為投資的不確定性提高，績效就會偏離大盤指數，有機會表現更好，當然也有落後市場的可能性。

六條件評估 ETF，有利提高投資效益

既然我們都知道 ETF 是追蹤特定的指數，但同一種指數可能會有很多家公司推出不同的 ETF 來追蹤，這時候到底該如何選擇？

如果碰到這種情況，我建議可從以下幾點來挑選：

一、成立時間愈長愈好。這樣才能檢驗該檔 ETF 過去的歷史表現如何，能否通過時間的考驗。

二、選擇規模大的。因為當規模太小時，就會有被清算的風險。如果想要長期投資。應盡量避免出現這種情形。

三、內扣費用愈低愈好。前面提到，內扣費用的高低對於長期投資績效的影響非常大。

四、挑選成交量大的。因為成交量太小，就會出現流動性風險。

五、追蹤誤差小。買 ETF 目的不外乎就是要獲得其所追蹤指數的績效，但如果追蹤誤差太大，就達不到我們要的

效果。

　　六、交易前要注意 ETF 的折溢價。所謂的折價，是指 ETF 的「市價」低於「淨值」；溢價則剛好相反，是指「市價」高於「淨值」。比如有些 ETF 剛上市時，可能因為媒體報導或名人推薦而出現大量溢價的情況，這時進場就要小心評估，因為很容易買貴。ETF 的折溢價要在一個合理範圍內，好的 ETF 通常市價會長期貼近淨值。

　　所以投資 ETF 之前，要先以前面講的幾種條件來評估篩選，如此才能提高投資效益。

　　後面陸續提到的 ETF 也都是以這些原則所挑選出來，都是很適合作為投資工具的優質 ETF。

第二章

學會評估風險與報酬，打造最適投資組合

04

獲利必修課：
投資首先看風險

〈前言〉提到，一般人以為長期投資是一個很平緩的上坡，可以輕鬆走到終點。但實際上，長期投資一路上會遇到許多顛簸，必須在自己體力與能力範圍內克服這些挫折，才有機會抵達目標。

所以投資過程要兼顧風險與報酬，才能找出最適合自己的投資步調。而在談獲利之前，一定要先學會處理風險，有兩個主要數據可用來評估風險：第一是「標準差」，這是用來評估投資商品過去績效的波動程度，數字愈大，代表波動愈大，投資的不確定性就愈高。用前面的例子來比喻，代表投資的道路上愈不平穩，旅途中就可能愈不舒服。

第二是「最大回檔」（Maximum DrawDown），代表投資標的從最高點下跌到最低點的最大跌幅，以百分比計算，它同時也代表你的帳戶當下虧損的最壞情況。同樣套用前面

的例子來比喻，這就類似你在過程中碰到的坑洞深度，如果坑洞很深，表示跌下去受傷的可能性愈大，爬上來的難度也愈高。

接下來分別詳細說明。

平均值＋標準差，評估未來可能的波動大小

標準差是一個統計學上的概念，公式比較複雜，這裡就不多做介紹，重點是要理解它的內涵及如何運用。

標準差是指一組數據與平均值的離散程度，數字愈大，代表大部分的數據與平均值的差異愈大；數字愈小，代表大部分的數據與平均值較接近。根據統計，在常態分布下，約有 68% 的數據落在平均值加減一個標準差的範圍內，再來約有 95% 的數據落在平均值加減兩個標準差的範圍內，最後約有 5% 的數據出現在兩個標準差以外（參圖 4）。

舉例來說，假設某國家的男性身高平均值是 170 公分，彼此間的標準差是 10 公分，按照上面統計學的概念，這個國家男生的身高會有 68% 的機率出現在平均值加減一個標準差的區域，也就是介於 170 公分加減 10 公分的範圍裡，即 160 公分及 180 公分之間。然後會有 95% 的機率落在平均值加減兩個標準差之間，也就是落在 150 公分及 190 公

圖 4　常態分布下的標準差

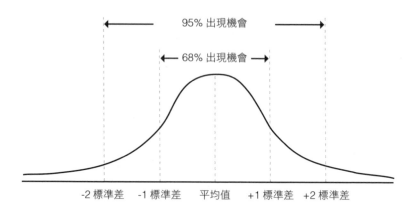

分之間。至於超過兩個標準差的範圍則剩下 5% 機率，即身高超過 190 公分或低於 150 公分。

　　同樣的概念也可以應用在投資上。比如有 A 組和 B 組兩種投資組合，A 組的投資組合平均報酬是 15%，標準差是 20%，套用標準差的概念可以知道，A 組的投資組合有 68% 的機率會落在正 -5% 至 35% 之間，然後有 95% 的機率會在 -25% 至 55% 之間。

　　接著來看 B 組的投資組合。B 組的波動程度比較小，平均報酬率是 7%，標準差是 5%，因此 B 組的報酬有 68% 的機率介於 2% 至 12% 之間，有 95% 的機率介於 -3% 至 17% 之間。

比較兩個投資組合可以明顯看出，由於 B 組的波動比較小，正報酬的機率會較高，獲利也相對穩定（參表 4）。

表 4　透過平均值及標準差篩選出適合自己的投資組合

組別	平均報酬率	標準差	68% 機會落點	95% 機會落點
A 組	15%	20%	-5% 至 35%	-25% 至 55%
B 組	7%	5%	2% 至 12%	-3% 至 17%

因為標準差就代表了不確定性，你要先了解自己能承擔多大的不確定性，才能篩選出適合自己的投資組合。

不過使用標準差來評估風險，有幾點要特別注意。首先是標準差要搭配報酬一起看才有意義，而不是愈小愈好。因為投資的主要目的還是要能達到目標，適度地承擔風險，才有可能提高投資的回報。

比如，下面以「標普 500 指數」、「MSCI 台灣市值加權指數」及「美國整體債券指數」三者在 2001 到 2021 年間的表現進行比較（參表 5）。

先看「標普 500 指數」和「美國整體債券指數」的表現。可以看到標普 500 指數的標準差是 14.91%，債券是 3.45%，很明顯後者的標準差比較小，顯示波動較小，績效的走勢也較穩定。但這不表示投資債券就一定比較好，因為

表 5　標準差要搭配報酬一起看

投資組合	期初餘額	期末餘額	年均複合成長率	標準差
標普 500 指數	10,000	53,827	8.35%	14.91%
MSCI 台灣市值加權指數	10,000	50,318	8.00%	23.79%
美國整體債券指數	10,000	24,265	4.31%	3.45%

資料來源：Portfolio Visualizer／作者整理

還要比較它們的回報，標普 500 指數的年均複合成長率就比債券高了 4.04%。

假設投資人期初都是投入 1 萬元，經過這段期間的複利效果，標普 500 指數投資人的資產會成長超過 5 倍，期末淨值為 53,827 元；而同一段時間，債券投資人的資產只成長為 24,265 元。

所以標準差太小，通常報酬也會降低。因此每個人都要衡量所能承擔的風險與獲得的回報是否符合需求，每個人的答案都不一樣。

但假設兩個投資組合的報酬相近，那麼標準差當然是愈小愈好，這代表波動更小，投資獲利也會愈穩定。以「標普 500 指數」及「MSCI 台灣市值加權指數」做對照，MSCI 台灣市值加權指數的標準差為 23.79%，明顯高於標普 500 的 14.91%，代表這段期間台股的波動更大，但兩者最後所

獲得的年均複合成長率差不多，在這種情況下，標普 500 自然是更理想的選擇。

不過，標準差沒辦法區分上漲與下跌的波動，它所給予的評價都相同。比如說兩個投資組合的標準差都是 20%，但一個是上漲，另一個是下跌，這兩種情況對投資人的意義應該有很大的不同，相信應該不會有人說，因為市場最近漲太多、股價波動大，導致心情很不好。但在客觀數據上，無論上漲或下跌，標準差給出的評價都相同，所以如果要再做更進一步的區分，必須仰賴其他指標來判斷，第六篇〈減少投資不確定性：風險、報酬要一起看〉將針對這部分做更精確地說明。

用最大回檔評估風險承受度，並控管資金

第二個評估風險非常重要的數據就是「最大回檔」，表示你的投資組合從最高點下跌到低點的最大跌幅，同時也代表你當時帳戶下跌的最壞狀況。數字愈大，代表風險相對愈高，漲回去的難度也就愈大，這是因為投資的漲跌會有不對稱性。

以表 6 來看，如果投資組合下跌了 10%，你的資金會從 100 元跌到 90 元，之後是不是只要上漲 10% 就可以回到原

表 6 　跌幅愈大，漲回去的難度愈大

原點	跌幅	低點	需要漲幅
100	-10%	90%	11%
100	-20%	80%	25%
100	-30%	70%	43%
100	-40%	60%	67%
100	-50%	50%	100%

點呢？

　　答案不是！因為本金變小了，所以上漲的幅度要變大。跌了 10% 後，必須上漲 11% 才能回到原點（90 × 110% = 99.9）；如果跌了 20%，必須上漲 25% 才能回到原點（80 × 125% = 100）；如果跌了 50%，則要上漲一倍才能夠回原點（50 × 200% = 100）。

　　這也是為什麼許多專業機構或投資者非常重視這項數據的原因，因為你的帳戶下跌愈深，要漲回到原本資金水位的難度就愈高，對績效的影響很大。

　　因此，學會用最大回檔，才能選擇適合個人風險承受度的投資方法。比如你的風險承受度只有 -20%，那就不能單純只持有股票，因為股票遇到股災下跌 30 至 50% 都是屬於正常的波動範圍，如果沒有透過資產配置或避險降低波動，

就很難做到長期投資。

另外，透過最大回檔也可以幫助你做好資金控管，比如你的投資標的或策略有可能跌 50%，但你最多只能承受 50 萬元的下跌，那麼你的投資金額就不適合超過 100 萬元，因為假設投資 140 萬元，下跌 50% 就是跌掉 70 萬元，已經超過你能忍受的範圍。因此學會最大回檔，可以幫助你做好風險管理。

想做到長期投資，最重要的就是要避免碰到致命性的虧損。投資一定是有賺有賠，只要在自己的風險承受範圍內，其實都不是太大問題，但最怕就是遇到超出個人風險承受度的波動，可能只要出現一次，就會毀掉整個投資計畫。所以投資前一定要先評估好這些主要的風險數據，選擇適合自己的投資組合。

05

掌握績效最前線：
學會評估報酬

了解如何評估風險後，接著來學習如何評估報酬。評估報酬的方法同樣可以用兩個主要的數據來衡量，分別是「年均複合成長率」及「滾動回報」。

年均複合成長率有助評估投資績效

「年均複合成長率」是評估報酬的重要數據，其意義就是你的投資標的在一段期間內的年平均報酬率，並且假設每年的獲利都要再投入，是一種複利的概念。若以〈前言〉中的騎車比喻來看，這就類似你從起點到終點這段期間的平均速度。這個數據可以很方便地比較不同投資標的的報酬，或者同一個標的在不同時期的績效。

我以「Vanguard 標普 500 指數 ETF」（VOO）及「元大

台灣 50」（0050）為例，用年均複合成長率來比較美股及台股近年的績效。從表 7 可以看到，近三年 VOO 的年均複合成長率是 12.1%，而 0050 是 13.5%，0050 比較高。但如果拉長到十年，VOO 的年均複合成長率是 12.2%，0050 是 11.5%，則換成是 VOO 比較高。

表 7　VOO、0050 各年期年均複合成長率比較

代號	1 年	3 年	5 年	10 年
VOO	-7.7%	12.1%	9.8%	12.2%
0050	-11.3%	13.5%	11.2%	11.5%

截至 2023 年 2 月 28 日／資料來源：Portfolio Visualizer／作者整理

同時我們也可以比較兩者各自在不同時期的表現。比如 VOO 在上述期間一年、三年、五年及十年等不同期間的績效，除了近一年因為適逢 2022 年股災而繳出負報酬外，其他三年以上的統計區間都繳出不錯的回報。

但評估年均複合成長率時有幾點要注意：

一、年均複合成長率只計算期初與期末的價值，所以適用於單筆投資。如果中間有多筆現金流進出，就要改用「內部報酬率」（internal rate of return，簡稱 IRR）來計算，因

為每筆現金流的時間長度都不同，用「內部報酬率」來評估比較能呈現實際的投資報酬率。

二、年均複合成長率無法看出投資的波動性，比如某個投資標的報酬很好，過去幾年的年均複合成長率達 20%，卻承擔了 40% 的標準差，這樣的風險報酬比就不夠理想。所以報酬和風險一樣，兩者都要互相搭配一起檢視，才會是一個比較完整的評估。

三、即使是同一標的，如果用不同的時段來計算年均複合成長率，差異可能很大。所以要盡可能拉長時間觀察，而且要橫跨幾次的多空循環，才會比較有參考性。

比如「SPDR 標普 500 指數 ETF」（SPDR S&P 500 ETF Trust，代號 SPY）於 2013 至 2022 年的年均複合成長率為 12.46%，但如果用這種報酬來預估未來的長期回報，可能會過於樂觀。因為如果再拉長為十五年觀察，期間就包含了 2008 年的金融海嘯，這時可以發現 SPY 的年均複合成長率已經從 12.46% 降到 8.74%。

假如再拉長二十三年觀察，期間除了 2008 年金融海嘯外，還包含 2000 年的科技泡沫，這時 SPY 的年均複合成長率會再從 8.74% 降至 6.97%。所以統計區間不同，數據也會有不小的差距。

因此，在使用年均複合成長率來評估報酬時，要盡可能

拉長時間來觀察，才會比較有參考性。我個人在評估或觀察任何一種投資標的或策略時，通常回測期間至少要包含到 2008 年的金融海嘯，才能判斷這些投資標的或策略是否能禁得起時間的檢驗。

滾動回報對長期報酬評估更具參考性

「滾動回報」是一般投資人較少會去注意的數據，但其實這可以更完整地評估自己的投資報酬。這個數據的意義是指投資標的在不同時間點、持有一段期間的年均複合成長率，同樣以〈前言〉的騎車比喻來看，這就類似你在旅途中不同路段所統計出來的速度。你可能在路面平緩時騎得比較快，然後在路況不佳時放慢速度。

這個數據可以看出投資人在不同時間點進場投資一段期間的成果，所以它可以更完整地觀察投資人在不同時間點的績效表現，對於長期回報的評估會更具有參考價值。

以「標普 500」從 2007 至 2022 年期間三年的滾動回報為例（參圖 5），根據統計的平均回報為 11.71%。但這段期間是否每個人都能拿到這個報酬？當然不是！因為每個人的進場時間點不同，投資三年後的報酬也不一樣。

比如 A 點的三年滾動回報為 -9.85%，這是因為投資人

圖 5　「標普 500」2007-2022 期間三年滾動回報

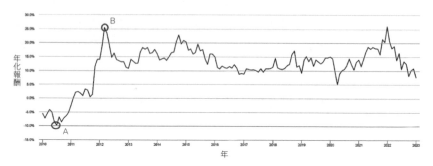

圖片來源：Portfolio Visualizer

在三年前進場的時間剛好是金融海嘯前的高點（2007 年 6
月），所以投資三年後仍為負報酬。B 點的三年滾動回報為
25.45%，因為三年前進場的時間剛好是金融海嘯後的低點
（2009 年 2 月），所以投資三年後才有這麼好的回報。

　　不過，會這麼剛好在最高點或最低點進場投資的人只是
極少數，多數人進場的時間點都是介於兩者之間，所以三年
的滾動回報應該也是介於兩者之間，所獲得的報酬亦在這個
區間波動。

　　另一方面也可以看到，只要是長期成長的標的，比如
「標普 500 指數」，如果你投資期間愈長，正報酬的機率就
愈高，獲利也會愈穩定。

圖 6 顯示了標普 500 指數從 1973 到 2016 年的一年、三年、五年、十年、十五年、二十年的滾動回報。

　　以一年的時間範圍來看,最佳回報為 63%,最差回報為 -43%,差距非常大。也就是說,如果只投資標普 500 指數一年,進場時機對於績效的影響會非常大。但隨著投資年限愈長,正報酬的機率就會愈高,而且隨著持有時間愈來愈長,波動會愈來愈小,獲利也會愈加穩定。

圖 6　標普 500 指數 1973-2016 各年期滾動回報

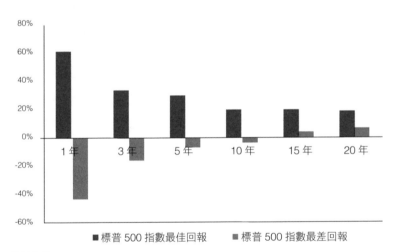

資料來源：The Balance

等到投資十五年以上，不管你是在這段期間的任何一個時間點進場，都是正報酬。這也就是為什麼常聽到建議投資人要長期投資的原因，唯有長期投資，才能擁有這些優勢，不過前提當然是要長期成長的標的才適用。

　　此外，滾動回報也可以幫助投資人更全面地評估不同投資策略的好壞。如果各個統計區間正報酬的機率愈高，報酬的波動愈小，表示這個投資策略的報酬愈穩定。

　　後面第四章介紹的幾個投資策略，基本上三年滾動回報都是正報酬，統計期間至少經歷過金融海嘯這種大型股災，也就是說，這段期間投資人在任何時間點進場投資，只要能堅持投資三年就不會虧損，如果有這樣的滾動回報，就代表投資的獲利會更穩定。

06

全面評估績效：
風險、報酬要一起看

前面提到，不管是風險或報酬都不該單獨看，但如何同時評估這兩種數據？主要的評估方法有兩種，分別是「夏普比率」（Sharpe Ratio）及「索提諾比率」（Sortino Ratio）。

• 夏普比率

夏普比率是衡量投資組合每單位波動所能帶來的超額報酬。指標數字愈大，代表在承擔相同的風險下能獲得更高的回報，我們可以理解為投資的 C/P 值，公式如下：

夏普比率＝（報酬率－無風險利率）÷標準差

這裡的「無風險利率」指的是現金、定存或短期國庫債券。比如投資報酬率是 5%，定存是 1%，你的超額報酬就

是 5% 減掉 1% 等於 4%，然後再除以標準差，這樣就可以知道每承擔一單位的風險，可以獲得多少的超額報酬。數字愈大，代表投資效益愈好。

- **索提諾比率**

這個指標與夏普比率很類似，但多區分了波動的方向。它在計算標準差時只計算下行的波動（下跌的波動），因為通常投資人所認為的風險，就是持有過程中投資標的下跌；反之，持有過程期間的上漲通常不會被認為是風險，所以這個指標的計算會更精確。

其公式的分子同夏普比率，但分母只有下行標準差，代表每承擔一個下行的標準差，能得到多少的超額報酬：

索提諾比率＝（報酬率−無風險利率）÷下行標準差

數字愈大，一樣代表投資的效益愈好。

哪種指標數據較精確？

舉個簡單例子來理解這兩個概念。

假設小明與小王同時要買咖啡豆，豆子的品質都一樣。

小明用 400 元買了 1,000 克，小王用 600 元買了 1,800 克。誰買得比較划算？

小明用 400 元買了 1,000 克的咖啡豆，算下來等於每 1 元可以買到 2.5 克的咖啡豆。小王用 600 元買了 1,800 克的咖啡豆，等於每 1 元可以買到 3 克的咖啡豆。這樣比較下來，可以知道小王買得比較划算，因為他用同樣的價錢可以買到較多的咖啡豆。這就類似夏普比率的概念，也就是承擔每一單位的風險所能得到的超額報酬。

假設店家有舉辦優惠活動，每人各回饋現金 200 元，又會有什麼不同呢？

小明在扣除店家的回饋金後，等於實際只花費 200 元就得到 1,000 克的咖啡豆，相當於每 1 元可以得到 5 克的咖啡豆；而小王在扣除店家的回饋金後，等於實際花費 400 元得到 1,800 克的咖啡豆，相當於每 1 元得到 4.5 克的咖啡豆。

比較下來，反而小明買得比較划算，因為用兩人實際付出的代價去計算，小明可以買到比較多的咖啡豆。這就類似索提諾比率的概念，而且會比夏普比率更精準。

接著再舉一個實際投資案例來說明。

表 8 是「標普 500 指數」與「股六債四組合」在 2007 到 2017 年這段期間各項數據的比較。從表中可以看到，這兩個投資組合的報酬都很接近，分別是 6.8% 及 6.3%。但

表 8 「標普 500 指數」與「股 6 債 4 組合」2007-2017 投資效益比較

投資組合	年化報酬	標準差	夏普比率	索提諾比率
標普 500 指數	6.8%	15.3%	0.47	0.67
股 6 債 4 組合	6.3%	9.6%	0.61	0.89

資料來源：Portfolio Visualizer ／作者整理

兩者的標準差就相差很多，標普 500 指數的標準差為 15.3%，明顯高於股六債四組合的 6.3%。所以這段期間標普 500 的夏普比率與索提諾比率僅 0.47 與 0.67，低於股六債四組合的 0.61 及 0.89，投資效益也比較差。

不過從較長期的歷史回測來看，如果你的投資策略只是長期投資大盤，通常夏普比率都會落在 0.5 附近，若想提高投資效益，就需要進行資產配置或調整，才有可能在承擔同樣的風險下，得到更多的超額報酬。如果你投資策略的夏普比率能夠長期接近或大於 1，代表你已經是非常優秀的投資者。

另外要注意的是，這兩個指標的回測期間有沒有包含大型股災，所得到的結果會有很大差別，所以一定要拉長時間觀察，才能知道投資策略是否經得起時間的檢驗。因此，建議在回測投資策略時，最好能包含 2008 年金融海嘯這段期間，因為如果你的投資策略能夠通過這種近代大型股災的檢驗，等到你實際投資的時候才會更有信心。

高風險不等於高報酬

　　接下來，我會教你如何打造適合自己的投資組合，不過在此之前，有一些重要觀念與原則要先了解。

　　首先，我會利用前面提到的方法進行評估，找到一個報酬能夠達成目標，且風險也在承受範圍內的投資組合。

　　再來，要建立一個重要觀念，那就是高風險不等於高報酬。圖7是代表風險與報酬的真實分布關係，出自知名投資大師霍華・馬克斯（Howard Marks）的研究報告。一般人

圖7　風險與報酬的真實分布關係

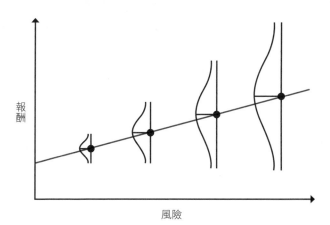

圖片來源：https://www.oaktreecapital.com

對於風險與報酬關係的想像，可能是風險愈高，報酬就愈高，類似圖中左下至右上的直線，兩者呈現線性關係。

但現實中在每個風險上的點所獲得的報酬並不是一個點，而是一個範圍，這個範圍就是前文所提到的標準差。承擔的風險愈高，標準差就愈大，代表報酬的不確定性愈高。因此你或許承擔了高風險，但最後獲得的報酬，卻可能比低風險所獲得的報酬還差。

所以在打造一個投資組合的時候，最好只承擔必要的風險，才能減少投資的不確定性，這也是降低投資風險的核心概念。

最後，你的投資會因為距離目標遠近、年齡、風險承受度等因素而改變，所以要盡量回測與定期檢視調整，才能找到最適合自己的投資策略。具體的執行步驟與策略，後面章節會再詳細說明。

第三章

做好資產配置，
報酬更穩定

07

全方位的資產配置：
Step by step 布局全球 ETF

第二章介紹了如何利用客觀數據，評估投資策略的風險與報酬，接下來談談如何做好資產配置。

資產配置的大原則就是「不要把雞蛋放在同一個籃子裡」，希望透過分散投資，來降低風險與波動，獲得更穩定的報酬。以下是實際執行步驟（參圖 8）。

第一，使用大範圍、原形、市值加權的 ETF 作為投資工具。 前文介紹過，藉由市值加權型 ETF 對於個別標的的汰弱留強，可分散非系統性風險。

第二，選擇資產類別。 為了降低系統性風險，資產種類必須分散多元，而且資產之間的相關係數要低，也就是不能齊漲齊跌。如果太高，就達不到分散風險的效果。

第三，選擇資產配置的方式。 這要依每個人的財務目標

及風險承受度等條件來決定。資產配置的方式主要有兩種，第一種是「傳統資產配置」，它是採取固定比例的配置方法，也就是投資前會對每一種資產設定一種固定的比重，之後就按照那個比重進行投資。第二種是「動態資產配置」，依照景氣循環或環境變化等狀況做調整，會彈性調整配置比重，這部分請參第八篇〈更靈活的投資策略：攻守兼備的動態資產配置〉。

　　第四，定期調整，長期地堅持下去。

圖8　資產配置步驟

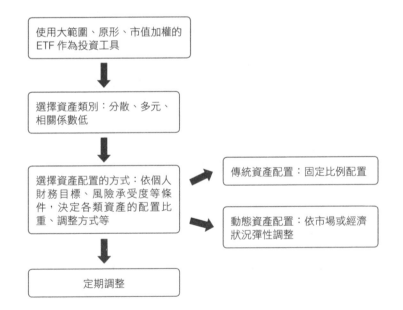

選擇適合個人投資組合的資產

第一章已介紹了如何選擇 ETF，接下來說明如何選擇資產種類。

一般常見的分類大概有五大類，分別是「股票」、「債券」、「現金」、「不動產及商品」，至於「加密貨幣」算是比較新興的資產類別。

一、股票

股票應該是一般人最熟悉的資產，當你買進股票，就成為該公司的股東，可以分享該公司的獲利，也可以參與經濟的成長。因此股票屬於成長型的資產，長期配置能提高投資組合的回報，扮演的角色就是投資組合中的成長主力。

股票如果以投資區域來看，通常分為「美國」及「美國以外」的地方，比如已開發國家、新興市場等。如果以種類區分，通常有「價值」、「成長」、「混合」等類型。因為波動較大，屬於風險較高的資產，當碰到股災時，回檔 30% 到 50% 都是屬於正常的範圍。

二、債券

債券就是政府或企業透過發行向投資人借款。在債券存

續期間，投資人可以拿到發行機構依約定支付的利息，而在債券到期時拿回本金，得到比較穩定的收益。

分類方式中，有些是以投資等級區分，比如投資等級債及高收益債；有些是以發行機構區分，比如公司債或公債。風險雖然比較穩定，也要承擔如違約及利率等風險，不過相對於股票，它的波動與收益還是比較穩定，但高收益債例外，因為它的波動與風險其實與股票很接近。

債券在投資組合裡扮演的角色就是防禦功能，幫助投資組合更穩定。

三、現金

現金包含短期的銀行存款、貨幣基金等，它的風險最低，功能就是提供短期的資金流動性與保本，也是屬於防禦性的資產類別。

它和股票、債券是我認為投資組合中最重要的資產類別，可以當做主菜。

四、不動產

至於其他類的資產可依投資人的需要加入，比如不動產就是其中一種，通常包含「實體不動產」及「不動產投資信託基金」（Real Estate Investment Trust, REITs）。

而 REITs 是一般散戶比較方便投資的方式，分為「權益型」和「抵押型」兩大類。大部分的 REITs 都屬於權益型，也就是信託公司利用資金來購買及管理各種房地產，透過出租來賺取穩定收入，並且將獲利藉由股息方式派發給投資者。

抵押型的 REITs 則不會持有房地產，而是成為債權人，把資金借給房地產開發商、經營者或投資房地產的抵押貸款證券，主要獲利來源是賺取利息或資本利得。

REITs 也是成長型的資產，不過根據長期統計，其價格波動甚至比股票還高，也是屬於風險較高的類別。

四、商品

商品類別包含了原油、貴金屬、鋼鐵、農產品等，它的風險也是比較高的，因為波動較大，而且長期獲利較不穩定，所以不一定要當做長期配置的資產類別。但有時在特定時空環境下，比如戰爭、高通膨或股災時，這類資產或許可以發揮避險作用。

五、加密貨幣

加密貨幣算是比較新的一種數位資產，它是利用密碼學的原理，並且以區塊鏈作為核心技術，是一種電子交易的媒

介。常見類別包括比特幣及其他山寨幣，比如乙太幣等，這是風險最高的類別，一旦碰到市場空頭，可能會下跌 80% 至 90%。

由於它的歷史較短且進入門檻較高，風險和波動也較大，所以目前還不適合一般人納入長期配置的投資組合。

資產配置應多元且分散

介紹完資產類別後，接下來就是要進行分散多元的配置，也就是要求彼此資產間的相關係數要低。

先解釋所謂的「相關係數」，指的就是兩個資產間的關聯程度，範圍從 -1 到 +1。-1 代表兩個資產間是完全的負相關，也就是一個漲另一個就跌，一個跌則另一個就漲，如此可以完全消除風險。至於 -0.5 表示可以消除大部分的風險，0 代表風險已經顯著降低，而 +1 則代表兩個資產間是完全的正相關，會齊漲齊跌，如此就完全無法消除風險。

因此，要找到兩個資產類別的相關係數是低的，這樣對於降低風險才有幫助，可以讓獲利更穩定。我們先透過圖 9 來看一下各個不同資產彼此間的相關係數。

第一個就是追蹤標普 500 指數的「iShares 核心標普 500 指數 ETF」（iShares Core S&P 500 ETF，代號 IVV），

圖 9 　各資產間的相關係數

Name	Ticker	IVV	IJH	IJR	EFA	SCZ	EEM	AGG	SHY	IEF	TLT	TIP	LQD	VNQ	GLD	DBC
iShares Core S&P 500 ETF	IVV	1.00	0.94	0.89	0.89	0.88	0.79	0.04	-0.40	-0.31	-0.30	0.24	0.34	0.74	0.05	0.57
iShares Core S&P Mid-Cap ETF	IJH	0.94	1.00	0.96	0.85	0.86	0.79	0.02	-0.43	-0.35	-0.35	0.23	0.33	0.76	0.06	0.59
iShares Core S&P Small-Cap ETF	IJR	0.89	0.96	1.00	0.80	0.80	0.73	-0.04	-0.43	-0.39	-0.38	0.14	0.26	0.74	-0.02	0.55
iShares MSCI EAFE ETF	EFA	0.89	0.85	0.80	1.00	0.97	0.88	0.15	-0.32	-0.24	-0.25	0.30	0.42	0.71	0.12	0.62
iShares MSCI EAFE Small-Cap ETF	SCZ	0.88	0.86	0.80	0.97	1.00	0.87	0.13	-0.36	-0.26	-0.28	0.32	0.41	0.69	0.14	0.63
iShares MSCI Emerging Markets ETF	EEM	0.79	0.79	0.73	0.88	0.87	1.00	0.16	-0.28	-0.21	-0.24	0.37	0.42	0.64	0.25	0.63
iShares Core US Aggregate Bond ETF	AGG	0.04	0.02	-0.04	0.15	0.13	0.16	1.00	0.54	0.83	0.79	0.76	0.83	0.33	0.41	-0.07
iShares 1-3 Year Treasury Bond ETF	SHY	-0.40	-0.43	-0.43	-0.32	-0.36	-0.28	0.54	1.00	0.73	0.55	0.32	0.20	-0.18	0.32	-0.29
iShares 7-10 Year Treasury Bond ETF	IEF	-0.31	-0.35	-0.39	-0.24	-0.26	-0.21	0.83	0.73	1.00	0.91	0.60	0.48	-0.03	0.36	-0.32
iShares 20+ Year Treasury Bond ETF	TLT	-0.30	-0.35	-0.38	-0.25	-0.28	-0.24	0.79	0.55	0.91	1.00	0.51	0.48	-0.01	0.25	-0.37
iShares TIPS Bond ETF	TIP	0.24	0.23	0.14	0.30	0.32	0.37	0.76	0.32	0.60	0.51	1.00	0.66	0.39	0.52	0.27
iShares iBoxx $ Invmt Grade Corp Bd ETF	LQD	0.34	0.33	0.26	0.42	0.41	0.42	0.83	0.20	0.48	0.48	0.66	1.00	0.47	0.30	0.15
Vanguard Real Estate ETF	VNQ	0.74	0.76	0.74	0.71	0.69	0.64	0.33	-0.18	-0.03	-0.01	0.39	0.47	1.00	0.10	0.38
SPDR Gold Shares	GLD	0.05	0.06	-0.02	0.12	0.14	0.25	0.41	0.32	0.36	0.25	0.52	0.30	0.10	1.00	0.31
Invesco DB Commodity Tracking	DBC	0.57	0.59	0.55	0.62	0.63	0.63	-0.07	-0.29	-0.32	-0.37	0.27	0.15	0.38	0.31	1.00

圖片來源：Portfolio Visualizer

從上往下看，可以看到它和追蹤其他類別股票的 ETF，比如「iShares 核心標普中型股 ETF」（iShares Core S&P Mid-Cap ETF，代號 IJH）、「iShares 核心標普小型股指數 ETF」（iShares Core S&P Small-Cap ETF，代號 IJR）、「iShares MSCI 歐澳遠東 ETF」（iShares MSCI EAFE ETF，代號 EFA）、「iShares MSCI 歐澳遠東小型股 ETF」（iShares MSCI EAFE Small-Cap ETF，代號 SCZ）、iShares MSCI 新興市場 ETF（iShares MSCI Emerging Markets ETF，代號 EEM）的相關係數都在 0.79 以上，代表這些 ETF 雖然追

蹤股票的類別有差異，但其實都算是同類型的資產，對於分散風險的效果不佳。

　　接著來看債券。可以看到它們彼此間的相關係數非常低，其中「iShares 美國核心綜合債券 ETF」（iShares Core U.S. Aggregate Bond ETF，代號 AGG）是 0.04，然後短、中、長期的公債都分別是負相關係數，代表如果用這些債券和股票作為資產配置，會有很好的互補效果。

　　所以一般建議會把股債組合當做資產配置的核心，因為它們彼此間的相關係數低，可以降低投資組合的風險，讓獲利更穩定。

傳統資產配置，先選擇適合的股債比例

　　傳統的資產配置通常會建議採取固定比例配置，至於效果如何，先鋒集團（Vanguard Group）曾做過長期的歷史統計，從圖 10 可以看到不同股債比例配置，對於投資組合報酬及波動的影響。

　　其中 100% 債券的報酬最低，年化報酬是 5.4%，但比較穩定，因為波動範圍介於 -8.1% 到 32.6% 之間。隨著股票比例增加，報酬也慢慢提升，當增加 10% 股票時，年化報酬就提高為 6.1%；增加到 20% 股票，年化報酬再提高為

圖 10　不同股債組合的報酬與波動

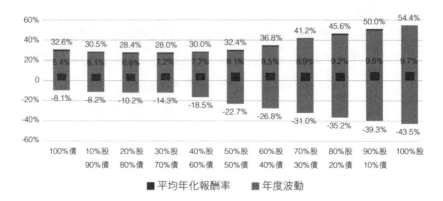

期間：1926-2014／資料來源：Vanguard

6.6%；最後當投資組合為 100% 股票時，年化報酬提升到
9.7%。但隨著報酬增加，投資組合的波動範圍也跟著增
加，代表投資人要承擔更多的不確定性。所以報酬和風險是
相對的，投資人須依自己的投資目標與風險承受度選擇適合
的股債比例。

　　至於如何分配比例？比較簡單的判斷方式就是「年齡配
置法」，也就是用年齡來決定比例。不過隨著現代人平均壽
命的增加及退休時間的拉長，目前比較建議的做法是用 110
減去實際年齡，所得數字代表你持有股票的比重。比如你的
年紀是 20 歲，持有的股票比重就是 90%（110–20）；如果

你的年齡是 60 歲,持有股票的比重就是 50%（110–60）。

決定好比例後,就要定期再平衡,通常是半年到一年一次。所謂「再平衡」,是指假如本來股票比例設定八成,一年後股票上漲為九成,債券變成只剩一成,這時就要重新調整兩者的比重,回復為八比二。

不過要特別注意的是,再平衡的主要目的不是為了增加報酬,而是要維持原有資產的分配比重,以降低投資組合的波動。

布局全球 ETF 股債組合

接下來就以投資種類最多、涵蓋範圍最大的美股 ETF 為例,帶你用最簡單的方法做好股債組合（參表 9）。

如果只想用兩檔 ETF 進行全球股債配置,可以選擇追蹤全球股市的「Vanguard 全世界股票 ETF」（VT）,以及追蹤全球整體債券的「Vanguard 全世界債券 ETF」（Vanguard Total World Bond ETF,代號 BNDW）進行搭配。

如果再進一步細分,股票 ETF 可分為美國市場以及國際市場,比如追蹤美國市場的「Vanguard 整體股市 ETF」（VTI）,再加上美國以外國際市場的「Vanguard 總體國際股票 ETF」（Vanguard Total International Stock ETF,代號

VXUS）；而整體債券也可以分為美國市場和國際市場，比如追蹤美國市場的「Vanguard總體債券市場ETF」（Vanguard Total Bond Market ETF，代號 BND），再加上「Vanguard總體國際債券ETF」（Vanguard Total International Bond ETF，代號 BNDX）。

你也可以把整體債券換成美國公債，通常是搭配七至十年期的美國公債，例如「iShares 7-10 年期美國公債 ETF」（iShares 7-10 Year Treasury Bond ETF，代號 IEF），或者使用二十年的長期美國公債，例如「iShares 20 年期以上美國公債 ETF」（iShares 20+ Year Treasury Bond ETF，代號 TLT）。不過債券的年期愈長，利率風險就愈大，在配置長期公債前一定要先認知這一點。

表 9　股債配置 ETF 範例

區域	股票 ETF	債券 ETF
台股	台灣市場：0050 或 006208、0051	公債：7-10 年中期（00697B）／ 20 年長期（00679B）
美股	全球股市：VT 美國市場＋國際市場：VTI＋VXUS	全球整體債：BNDW 美國市場＋國際市場：BND＋BNDX
		公債：7-10 年中期（IEF）／ 20 年長期（TLT）
	全球股債平衡型：AOA（股 80% 債 20%）、AOR（股 60% 債 40%）、AOM（股 40% 債 60%）、AOK（股 30% 債 70%）	

如果想要更精簡的方式，直接選擇全球股債平衡型的 ETF 就可以解決了，因為它已經自動分配好股債的比重，而且會定期調整，完全不用自己動手。這類 ETF 有以下標的可供選擇，例如股 80% 債 20% 的「iShares 核心積極配置 ETF」（iShares Core Aggressive Allocation ETF，代號 AOA）、股 60% 債 40% 的「iShares 核心成長配置 ETF」（iShares Core Growth Allocation ETF，代號 AOR）、股 40% 債 60% 的「iShares 核心穩健配置 ETF」（iShares Core Moderate Allocation ETF，代號 AOM），以及股 30% 債 70% 的「iShares 核心保守配置 ETF」（iShares Core Conservative Allocation ETF，代號 AOK）。

如果你只想投資台股，因為台股 ETF 的選擇較少，也沒有類似前述範圍較大的 ETF，很難以精簡配置就達到類似覆蓋全市場的效果，不過還是可以選擇「元大台灣 50」（0050）或追蹤相同指數的「富邦台灣采吉 50 基金」（簡稱「富邦台 50」，代號 006208）來作為基本的配置。但如果涵蓋範圍想要更廣，可以再加入「元大台灣中型 100 基金」（0051），如此一來，只要投資兩者就可以涵蓋 85% 的台股市場。

如果想增加投資海外市場，目前也有國外市場的 ETF 可供選擇，例如追蹤標普 500 指數的「元大標普 500 基金」

（00646），債券部分可選擇比如同樣追蹤七至十年期美國公債的「元大美債 7-10」（00697B），以及二十年長期美國公債的「元大美債 20 年」（00679B）。即使只用這幾檔 ETF，你也可以進行精簡的股債配置。

08

更靈活的投資策略：
攻守兼備的動態資產配置

　　前文提到，資產配置的方法分為「傳統資產配置」和「動態資產配置」，既然傳統資產配置已經行之已久，為什麼投資人還需要學習動態資產配置？主要目的還是為了解決傳統資產配置的問題。

　　首先要了解，資產配置的效果要好，通常必須具備兩個要件。第一點在前文提過，那就是資產種類要多元，而且彼此間要低度相關，不能齊漲齊跌；第二點也很重要，但常常被大家忽略，那就是最好同時符合長期成長，能夠提供正報酬。比如長期配置一個做空股市的金融商品，雖然與股市不會齊漲齊跌，符合第一點的「低相關」，但這類商品長期沒有成長性，自然不是最好的資產配置選擇。

傳統資產配置的避險仰賴大比例債券

那麼，過去的傳統資產配置為何能夠降低系統性風險？我以前述兩個要件來說明。

圖 11 代表 2000 至 2021 年間股債的走勢圖，黑線是美國股市，紅線是美國總體債。從紅線走勢可以看出，這段期間每次發生重大股災時，比如 2000 年科技泡沫、2008 年金融海嘯、2020 年新冠疫情，大部分的時間債券依然逆勢上漲，兩者並未齊漲齊跌，可以有效對沖股市的系統性風險。

圖 11　傳統股債配置為何能降低系統性風險？

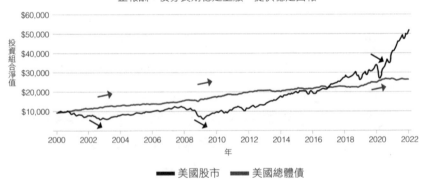

負相關：股災時，有效對沖風險資產下跌的風險
正報酬：債券長期穩定上漲，提供穩定回報

期間：2000-2021／圖片來源：Portfolio Visualizer

另一方面，可以看到債券在這段期間長期穩定上漲，提供穩定的回報，所以非常符合前面所講的兩個要件。

從表 10 的數據來看，這段期間債券的年均複合成長率雖然只有 4.62%，遠低於股市的 7.73%，但其他數據如衡量風險的標準差、最大回檔，以及經過風險調整後的收益如夏普比率，它的表現都遠勝股市，代表在這段期間，債券獲利的穩定性遠比股市更好，投資效益更高。

表 10　美國股市與美國債市 2000-2021 數據比較

	年均複合成長率	標準差	最壞年度	最大回檔	夏普比率
美國股市	7.73%	15.49%	-37.04%	-50.89%	0.46
美國債市	4.62%	3.45%	-2.26%	-3.99%	0.90

資料來源：Portfolio Visualizer ／作者整理

事實上，債券就是這段期間表現最好的資產類別（經過風險調整後的收益），任何投資組合只要有加入債券，其實都會有很好的資產配置效果。

另外，因為股票的波動遠比債券高，根據長期歷史統計，大約是債券波動的 3 倍，所以傳統資產配置通常要固定配置大比例的債券，才能對沖股市風險，降低波動。這也是風險平價（risk parity）組合的概念，透過平衡不同資產間

的波動，讓報酬更穩定。

　　比如圖 12 顯示了不同投資組合的最大回檔，黑線是股 90% 債 10%，紅線是股 80% 債 20%，灰線是股債各半。從三條線的走勢可以看出，過去這段期間，當投資組合只有配置一或兩成債券時，兩個投資組合的標準差及最大回檔的差距其實很有限，只有當債券比重拉高到五成時，標準差及最大回檔才有比較明顯的降低，夏普比率也有了明顯提升，可以看出傳統股債組合主要依靠債券來達到避險的效果。

　　所以對於避險需求較高的投資人，比如退休族，傳統資產配置多半會建議固定配置大比例的債券，如此降低系統性風險的效果才會比較明顯。

圖 12　不同股債組合的最大回檔（2000-2021）

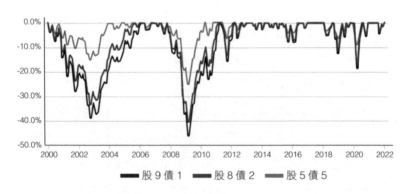

圖片來源：Portfolio Visualizer

傳統資產配置隱含更大的利率風險

　　因此債券過去強勁的表現，是傳統資產配置能夠發揮避險效果的主要原因，但如果更深入地去探究背後的原因，其實有其歷史的因素，因為主要受益於過去長期都是降息的大環境。

　　從圖 13 可以看到從 2000 年至今，美國十年期公債殖利

圖 13　美國 10 年期公債殖利率與價格比較（2000-2021）

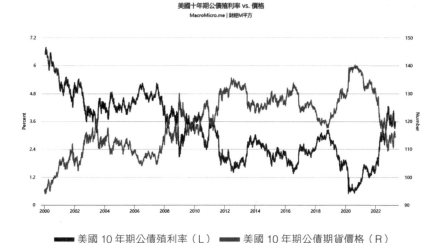

美國十年期公債殖利率 vs. 價格
MacroMicro.me | 財經M平方

■■ 美國 10 年期公債殖利率（L）　■■ 美國 10 年期公債期貨價格（R）

圖片來源：MacroMicro／財經 M 平方

率與價格的比較。通常債券殖利率的走勢會和債券價格呈反向關係，在 2000 至 2021 年這段期間，我們可以很明顯看到，隨著美國公債殖利率的持續下跌，公債價格就持續穩定上漲。

事實上，如果再拉長時間來看，從 1980 年代開始，我們都是身處在一個長期降息的大環境，這段期間債券受益利率持續降低，因此推動價格穩定上漲，形成債券歷史上罕見的大牛市，這也是為什麼債券在這段期間能有效對沖系統性風險的背後因素（參圖 14）。

所以傳統資產配置在過去配置大比例的債券，確實在碰到股災時提供了很好的避險效果，只不過這種投資組合背後也隱含著更高的利率風險，一旦金融市場大環境改變，利率趨勢反轉，就無法發揮避險的效果。

2022 年就是一個明顯的例子，聯準會因為通膨高漲，一年內升息了七次，總共 17 碼，聯邦基準利率也從 0% 至 0.25% 拉升至 4.25% 至 4.5% 之間。這是歷史上罕見的暴力升息，在利率急速拉升的情況下，造成股債市同時大跌，標普 500 指數最大跌幅為 -24.0%，連原本過去被當做避險資產的債券，也都曾出現超過 -15% 的跌幅，比如「Vanguard總體債券市場 ETF」（BND）最大跌幅為 -15.5%、「iShares 7-10 年期美國公債 ETF」（IEF）最大跌幅為 -16.9%，「iShares

圖 14　長期降息推動債券價格上漲

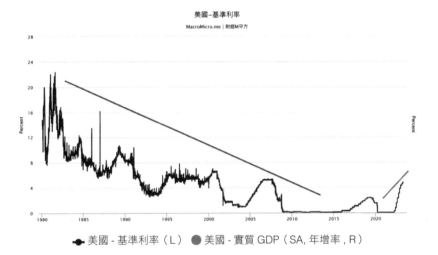

美國–基準利率

MacroMicro.me | 財經M平方

◆ 美國 - 基準利率（L）　● 美國 - 實質 GDP（SA, 年增率, R）

圖片來源：MacroMicro／財經 M 平方

20 年期以上美國公債 ETF」（TLT）最大跌幅為 -34.1%，其中長天期公債的最大跌幅甚至超過三成。

　　因此，在這樣的環境下，即使是過去經典的股六債四保守組合，也出現 -20.9% 的大跌，最大跌幅超過兩成。

　　但如果投資人對歷史背景有足夠的認識，就知道這種利率風險其實在過去市場一直都存在，只不過現代多數投資人所身處的投資環境，都是在過去四十年的降息循環階段，也

習慣每次一發生股災，就會出現聯準會降息救市的措施。所以對這種隱含的利率風險並沒有足夠的認識，也很容易誤認，過去傳統投資組合的表現可以延續到未來。

這讓我想起風險管理專家納西姆·尼可拉斯·塔雷伯（Nassim Nicholas Taleb）曾經在《黑天鵝效應》（*The Black Swan*）書中舉過一個經典例子，有隻火雞從雞舍出生後，每天早上都有人餵牠吃東西，所以在牠的認知中，這種好日子會持續下去。直到感恩節前夕，牠才發現自己已成為人類餐桌上的一頓大餐。

這故事提醒我們，如果投資只建立在過去的經驗及統計數據，然後就採取固定比例配置的策略，其實會有嚴重的局限性，也很容易低估潛藏的風險。

只要回想前文提過 ETF 的例子就能理解，如果 ETF 對於成分股永遠都是採取固定比例分配，認為個別公司的過去表現可以延續到未來，那麼 ETF 還有辦法適時汰弱留強、降低非系統風險嗎？

傳統資產配置面臨的巨變和挑戰

同樣的道理其實也可運用在資產配置上，如果投資組合對於各別資產永遠都是採取固定比例分配，一樣會遇到相同

的問題。因為只要未來市場出現意想不到的變化，就可能會對你的投資組合產生巨大的影響。所以面對不可預知的未來或變化，在投資上必須保持彈性，因為你不知道的事，可能遠比你所知道的事還重要。投資大師霍華・馬克斯在 2022 年的備忘錄也曾提到，在他五十三年的投資生涯中，只碰過兩次真正的巨變，而現在可能經歷第三次。

他說第一次是 1970 年代，當時聯準會強力升息打壓通膨，人們投資必須努力評估風險及報酬。第二次是 1980 年代，聯準會開始降息，開啟長達四十年的降息循環，帶來多數資產價格的大幅上漲。這段期間投資者賺到的收益，有很大一部分是來自於降息所帶來的紅利。如同前文所提到，其中當然也包含債券資產，而且長期降息對其報酬的影響更為顯著。

馬克斯說，目前則是第三次，聯準會為了打壓創新高的通膨而強力升息，打破過去四十年來不斷降息的週期與趨勢，而且這種改變可能會持續一段時間。如果未來聯準會長期走向中性利率，過去建立在降息週期的投資策略，未來未必能夠擁有一樣好的表現。

總結來說，隨著大環境的改變，傳統的資產配置（尤其是固定股債比例的投資組合）都會面臨新的挑戰，也很難複製過去的回報及分散風險的效果。所以，投資人應該調整過

去的投資思維及了解新的策略，以因應大環境的變化。而動態資產配置就是很適合的策略，可以加入投資組合，降低系統性風險。因為動態資產配置並不是建立在過去的資產表現、採取固定比例的投資方式，而是會依照當下市場變化或景氣狀況來做動態的調整。

比如當碰到利率趨勢變化或經濟環境處於衰退時，動態資產配置就能靈活地變更股票、債券等資產配置的比重，降低系統性風險，並且進一步提高回報或降低波動。

動態資產配置的類型及最容易應用的策略

動態資產配置就和傳統資產配置一樣，也有很多種動能投資配置方法，以下舉幾個例子。

第一種是很常聽到的「動能配置方式」，其原理就是追蹤何種類別的資產價格趨勢表現較好，就配置較多的比重在上面。

第二種是「風險報酬最佳化的配置方式」，即透過大數據找出投資組合風險與報酬平衡的最佳比例。比如適應性資產配置，是使用相對強度趨勢、預期波動度或最小變異數等模型，來選擇投資組合的資產與權重分配。

第三種是「利用全球總體經濟數據所做的配置」，即透過研究總體經濟指標的變化，來調整投資組合的分配，比如用各國經濟成長率、失業人口數據、公司獲利、物價、利率等趨勢，作為資產配置的參考依據。

　　以上是簡單的舉例，其中動能投資是最常見、也是一般人最容易應用的策略，將在第四章做更詳細的介紹與說明。

09

欲善其事先利其器：
善用免費網站打造最佳組合

在這一篇中，我將透過一步步的教學，帶你運用前面的內容，利用國外知名資產配置網站「Portfolio Visualizer」，打造出最適合自己的投資組合。

這個網站擁有豐富的資料庫及強大的免費功能，可以幫助投資人針對投資組合進行客觀數據分析及大量回測。不過因為是國外網站，對有些人來說可能會覺得比較不方便，但這個問題也很容易解決，只要在瀏覽網頁時用 Google 翻譯功能將內容翻成中文，應該就可以很方便地使用了。

善用回測功能評估投資組合

首先進入網站首頁，可以看到網頁中包含了很多功能，其中我們最常使用到的就是「回測投資組合」（Backtest

Portfolio）的功能（參圖 15 紅色標示）。它可以回測你所創建投資組合的歷史表現，並且與其他投資組合或特定標的進行比較。

一、「回測投資組合」頁面名詞說明

進入「回測投資組合」頁面（參圖 16），可以看到許多需要輸入各項參數的欄位，以下針對幾個主要功能來說明：

圖 15　Portfolio Visualizer 首頁

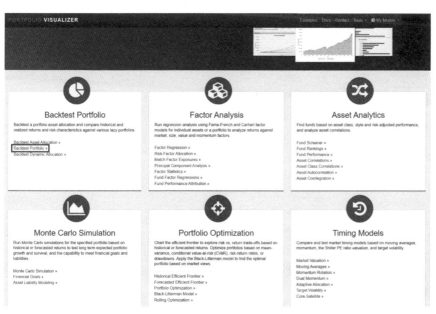

圖片來源：Portfolio Visualizer

- **期間（Time Period）**：這裡可以選擇「年」（Year-to-Year）或「月」（Month-to-Month），來當做回測起始及結束的單位。如果選擇「月」，通常回測的時間可以更早開始。

圖 16　「回測投資組合」頁面

圖片來源：Portfolio Visualizer

● 回測起始年（Start Year）、回測終止年（End Year）：如果想了解自己的投資組合能否禁得起時間的考驗，建議最好盡量拉長這個回測期間，而且中間最好經歷過幾次大型股災，所得出的結果才會更有參考價值。

● 期初金額（Initial Amount）：指一開始投入的資金。

● 現金流（Cashflows）：這裡指的是回測期間是否有固定投入或者提領投資金額，又分為三種方式，包括「固定金額投入」（Contribute fixed amount）、「固定金額提領」（Contribute fixed amount）及「固定比例提領」（Contribute fixed amount）。

● 再平衡方式（Rebalancing）：「再平衡」主要是為了定期調整投資組合，有「固定時間」及「偏移上下限」兩種模式。固定時間分成「年」、「半年」、「季」、「月」等四種模式，如果是傳統資產配置，通常選半年或一年調整一次就夠了。至於偏移上下限選項，則有「絕對偏移」與「相對偏移」兩種模式。

● 基準代碼（Benchmark）：因為投資組合的各項數據都要與其他投資組合比較才有意義，所以這個欄位可以選擇要比較的對象。操作方式有兩種，一種是指定代碼，即自行輸入比較標的的代碼；或者直接選取它預設的比較基準做比較，最常用的就是「標普 500」和「標普平衡指數」（即股

六債四組合）。

- **投資組合名稱（Portfolio Names）：** 通常直接用預設的即可，如果要為投資組合取特定名稱才需要設定。

- **投資組合資產（Portfolio Assets）：** 下方欄位中可以填入你要加入投資組合的資產代號，右方則填入該資產占你的投資組合之比重，每種投資組合最後加總要等於 100，每次最多可設定三種投資組合做比較。比如你的投資組合是 100% 的「SPDR 標準普爾 500 指數 ETF」（SPY），想要回測這檔 ETF 過去的歷史績效，就在「Asset 1」欄位中輸入「SPY」，然後在「Portfolio #1」欄位輸入「100」，接著點選「Analyze」，就可以得到這個投資組合的回測結果。

二、回測績效數據意義

接下來看一下回測績效如何（參圖 17）。回測期間是從 1994 年 1 月至 2023 年 5 月，如果以網站預設的年為回測單位，最久就是從 1994 年開始，回測時間超過 30 年。假如期初金額是 1 萬美元，期末金額會是 153,101 美元，成長超過 15 倍，年複合增長率為 9.72%，所以投資只要約 10% 的複利成長，長期就能帶來很可觀的回報。

另外，從這裡還能看到這段期間投資組合的標準差、最好年度報酬、最差年度報酬、最大回檔、夏普比率、索提諾

圖 17　SPY 回測績效頁面

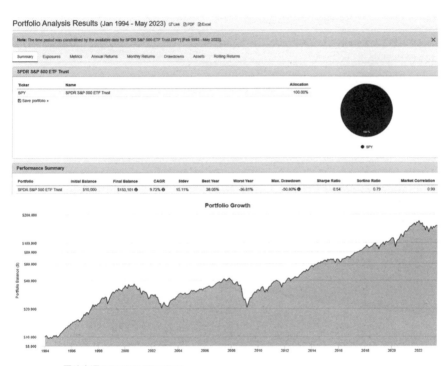

圖片來源：Portfolio Visualizer

比率、市場相關性等數據。其中夏普比率和索提諾比率可以同時評估風險與報酬，從圖 17 看到夏普比率是 0.54，這個數字大概就是美股長期的平均數據。

（補充說明：如果想回測台股市場的長期績效，雖然這

個網站未納入台股，但可以使用美股的「iShares MSCI 台灣 ETF」〔iShares MSCI Taiwan ETF，代號 EWT〕來取代，因為這支 ETF 追蹤的是台灣市值加權指數，和台股大盤的走勢會很接近。）

此外，前面提過，評估一個投資組合的表現時，要特別注意它的風險是什麼，從圖 17 可以看到，這段期間 SPY 的標準差為 15.11%，所以波動較劇烈，獲利也較不穩定。然後它的最大回檔是 -50.8%，出現在 2008 年金融海嘯，代表假如我採取這種投資組合，過去這段期間投資帳戶的最大回檔會超過五成。

因此進行回測時，建議要把下跌的幅度換算成實際的金額來評估，這樣才能更具體地模擬實際會遇到的狀況。比如假設 2008 年股災的最大回檔是 50%，當時投資帳戶的市值為 300 萬元，代表股災期間最大要承受 150 萬元的回檔。

如果想要進一步了解，可以點選「Drawdowns」，查看投資組合在這段期間的下跌幅度，這裡會列出投資組合在過去幾次大型股災期間的最大回檔情形。

比如圖 18 顯示 2000 年科技泡沫期間的最大回檔是 -44.71%，2008 年金融海嘯期間的最大回檔是 -50.80%，2020 年疫情股災期間的最大回檔是 -19.43%。

不過要提醒的是，這些統計數據都是「低估」的，因為

圖 18　SPY 於幾次大型股災的最大下跌

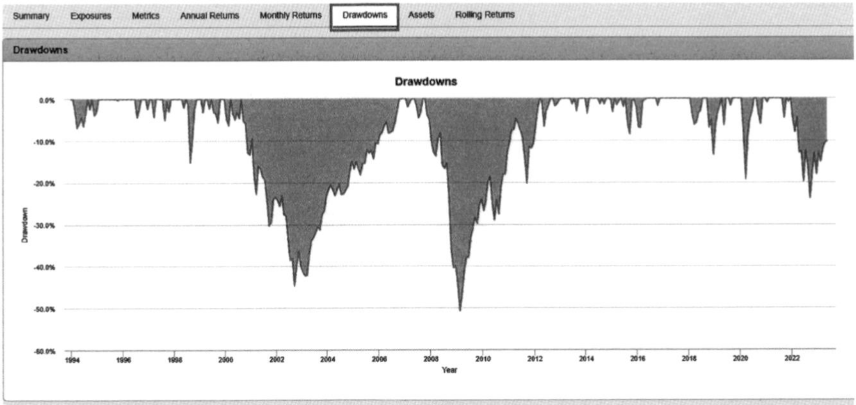

Historical Market Stress Periods

Stress Period	Start	End	SPDR S&P 500 ETF Trust
Asian Crisis	Jul 1997	Jan 1998	-5.18%
Russian Debt Default	Jul 1998	Oct 1998	-15.28%
Dotcom Crash	Mar 2000	Oct 2002	-44.71%
Subprime Crisis	Nov 2007	Mar 2009	-50.80%
COVID-19 Start	Jan 2020	Mar 2020	-19.43%

圖片來源：Portfolio Visualizer

這裡是以「月」為時間單位來進行統計，沒有列入更小區間的股價波動（比如週、日），所以統計數據會比實際股災的跌幅還小，這部分要有實際使用與實戰經驗的人，才會更明顯感受到差異。

像是 2020 年疫情股災期間，SPY 在 3 月下旬最大跌幅其實超過三成，但因為市場到了 3 月底開始止跌回升，所以

最後網站的統計數據顯示只有 -19.43%，不過在現實中，你的投資組合下跌幅度會更大。因此，當你回測看到風險數據時，應該更保守地估算，因為現實中你所面對的市場風險，往往比網站所得出的結果還來得大。舉例來說，你評估自己的風險承受度可接受 -30% 的下跌，那或許要找回測最大回檔是 -20% 至 25% 的投資組合，這樣未來一旦碰到股災時，才有辦法更從容地應對。

三、從滾動回報觀察獲利

前面提到，如果要觀察投資組合的獲利是否穩定，可以觀察「滾動回報」，此處只要點選「Rolling Returns」，就會列出投資組合在回測期間各種年期的滾動回報分布情形（參圖 19）。如果是一年的滾動回報，過去的平均報酬是 11.28%，最好報酬是 56.25%，最差報酬是 -43.44%，代表如果只持有這個投資組合一年，得到的投資回報會介於 +56.25% 到 -43.44% 間，波動會較大，獲利也較不穩定。

但如果拉長到十五年的滾動回報，雖然平均報酬降為 7.12%，不過最好報酬是 10.82%，最差報酬也有 3.67%，代表如果持有這個投資組合十五年，即使平均報酬下降，但所得到的投資回報就會介於 10.82% 到 3.6% 之間，可以取得 100% 的正報酬，而且波動變小，獲利也更穩定，這也就

圖 19　SPY 各年期滾動回報數據

Summary	Exposures	Metrics	Annual Returns	Monthly Returns	Drawdowns	Assets	Rolling Returns

Rolling Returns

Roll Period	Average	High	Low
1 year	11.28%	56.25%	-43.44%
3 years	10.32%	32.35%	-16.28%
5 years	9.15%	28.45%	-6.67%
7 years	8.16%	18.07%	
10 years	7.97%	16.55%	-3.91%
15 years	7.12%	10.82%	-3.45%

圖片來源：Portfolio Visualizer

是前文提過長期投資所帶來的優勢。

　　所以從圖中可看到，如果投資組合是 100% 的 SPY，滾動回報的波動會較大，即使持有十年，在最壞情況下都還可能是負報酬（-3.45%），獲利並不夠穩定。

四、股債組合回測設定

　　前面是當投資組合為 100% 股票的長期回測表現，但若想降低投資組合的波動、讓獲利更穩定，就必須做好資產配置。這部分前面介紹過很多種類，最基本的就是傳統股債配置，比如可在「Portfolio #2」欄位將 SPY 改成 60%，加入「iShares 7-10 年期美國公債 ETF」（IEF）40%，作為股債

圖 20　SPY+IEF 投資組合回測設定

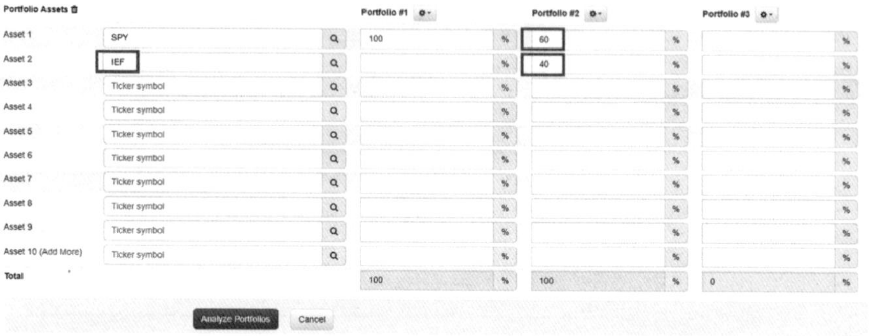

圖片來源：Portfolio Visualizer

組合，並與原本 100% 的 SPY 組合進行比較（參圖 20）。

　　受限於 IEF 的成立日期比較短，所以回測期間從 2003 年 1 月至 2023 年 5 月。可以看到投資組合加入債券之後，雖然報酬從 9.99% 降為 7.88%，不過風險也跟著下降，比如標準差從 14.68% 降至 8.70%，最大回檔從 -50.80% 降至 -26.78%。接著同時評估風險與報酬，夏普比率從 0.64 提高至 0.77，索提諾比率從 0.95 提高至 1.16，表示加入債券之後，投資組合的效益更好，確實有發揮資產配置的效果（參圖 21）。

　　從更詳細的數據中可以發現，當 2022 年股債雙殺時，這樣的傳統投資組合還是出現了 -20.63% 的最大回檔以

圖 21　SPY+IEF 回測數據

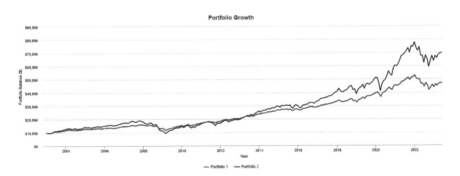

Portfolio	Initial Balance	Final Balance	CAGR	Stdev	Best Year	Worst Year	Max. Drawdown	Sharpe Ratio	Sortino Ratio	Market Correlation
Portfolio 1	$10,000	$69,817	9.99%	14.66%	32.31%	-36.81%	-50.80%	0.64	0.95	1.00
Portfolio 2	$10,000	$47,092	7.88%	8.70%	21.95%	-16.98%	-26.78%	0.77	1.16	0.94

圖片來源：Portfolio Visualizer

及 -16.98% 的負報酬，與同期 SPY 的表現很接近，並沒有明顯出現避險效果，主要原因就是前文所提到的總體經濟環境改變，以及債券過去長期一直被忽視的利率風險。

找出低相關性的資產組合

這個網站還有另一個我很常用的功能，那就是「資產相關性」比較，接下來說明如何使用。首先回到首頁，點選「資產分析」（Asset Analytics）下面的「資產相關性」（Asset Correlations）這個選項。

進入後，可以看到圖 22 的畫面。「Tickers」是要輸入比較資產的代號；「Start Date」是指回測開始日期；「End Date」是回測結束日期；「Correlation Basis」是計算基礎，有「日」、「月」、「年」三種設定；「Rolling Correlation」是滾動相關性，有 12、24、36、48、60 個月五種設定。

比如倘若想要看「Vanguard 整體股市 ETF」（VTI）、「Vanguard 總體債券市場 ETF」（BND）、「iShares 20 年期以上美國公債 ETF」（TLT）相關係數的比較，可在 Tickers 輸入這三檔 ETF 的代號以及開始和結束日期，如果不選日期，網站的預設是回測到最久的時間。

Correlation Basis 通常設定為「月」，Rolling Correlation

圖 22 「資產相關性」設定頁面

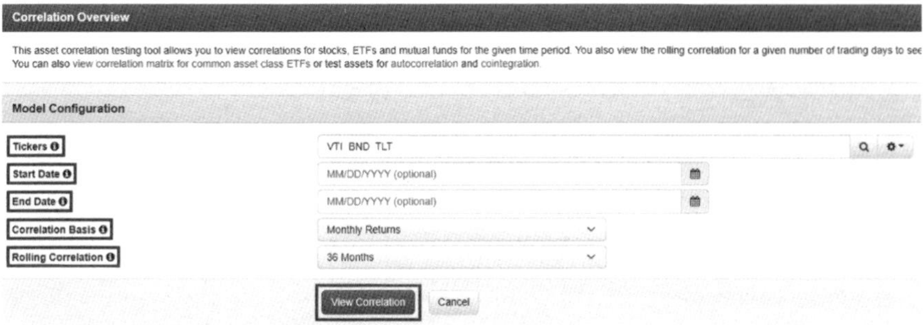

圖片來源：Portfolio Visualizer

滾動回報可先選擇 36 個月、也就是三年來觀察。接著點選 View Correlation，就可看到回測結果，可以比較不同資產間的相關係數。

從圖 23 可以看到，回測期間是從 2007 年 5 月 1 日至 2023 年 5 月 31 日，以 VTI 為例，與 BND 的相關係數為 0.21，兩者的相關性已經很低了，但最低的還是 TLT，兩者的相關係數是 -0.18。前面提過，資產配置要盡量選擇低相關性的資產作為組合，所以 VTI 和 TLT 搭配可達到更好的資產配置效果。以此方式，未來你在進行資產配置時，就可以自行檢視資產彼此間相關性的高低，或找到更適合的標的納入投資組合。

圖 23　VTI、BND 與 TLT 之相關性比較

| Correlation Matrix | Rolling Correlations | | | | |

Asset Correlations

Name	Ticker	VTI	BND	TLT
Vanguard Total Stock Market ETF	VTI	1.00	0.21	-0.18
Vanguard Total Bond Market ETF	BND	0.21	1.00	0.81
iShares 20+ Year Treasury Bond ETF	TLT	-0.18	0.81	1.00

Asset correlations for time period 05/01/2007 - 05/31/2023 based on monthly returns

圖片來源：Portfolio Visualizer

　　看到這裡，相信你應該對資產配置的觀念與網站實際操作有了更進一步的認識。其實資產配置就像挑衣服，每個人高矮胖瘦都不同，適合的尺寸也不一樣，只有自己知道是否合身，希望你也能善用這些網站工具，打造個人最佳投資組合，找到最適合自己尺寸的衣服。

第四章

靈活運用動能投資，
創造超額報酬

10

亙古存在的投資策略：
動能策略為何有效？

　　前面曾介紹動態資產配置有好幾種不同的策略，第一個就是「動能」。為什麼是動能呢？因為這是一種歷史非常悠久的投資策略，接著就來了解動能策略是什麼。

動能策略是歷史驗證有效的投資策略

　　動能概念就是基於物理學上的慣性定律，即運動中的物體傾向於保持運動。如果把這個概念套用在資產上，就是資產價格具有持續朝原來方向前進的趨勢。

　　而動能策略就是一種基於價格趨勢買賣的策略，對投資組合進行汰弱留強，講白話一點，類似常聽到的追漲殺跌、順勢操作。

　　很多人乍聽之下會覺得很奇怪，這不是散戶投資常犯的

錯誤嗎？事實上，如果能了解背後的理論、然後建立一套完整且合理的交易系統，並且有紀律地操作，這反而已經是經過長期實務及學術驗證有效的投資策略，最久可追溯超過兩百年的歷史。

比如古典經濟學家大衛‧李嘉圖（David Ricardo）在十八世紀末、十九世紀初，曾靠交易股票累積大量的財富，他分享投資的哲學就是要減少損失，讓獲利繼續奔馳（cut short your losses, let your profit run），而方法就是買入正在上漲的股票，賣出正在下跌的股票。

後來也有許多華爾街的傳奇人物使用這種投資策略，比如二十世紀初的傳奇交易員傑西‧李佛摩（Jesse Lauriston Livermore），在他的《股票作手回憶錄》（*Reminiscences of a Stock Operator*）一書中可以看出，他的操作方法基本上就是屬於動能策略的實踐。

另一位傳奇人物尼可拉斯‧達華斯（Nicolas Darvas）曾自創一套箱形理論（Box Theory），結果在十八個月內淨賺 200 萬美元（折合現在價值約 2,000 多萬美元），並且出版了一本經典的暢銷書《我如何在股市賺到 200 萬美元》（*How I Made $2,000,000 in the Stock Market*），背後的原理其實也是動能策略的應用。

至於有關這方面的學術研究則較晚才開始，不過也有近

百年的歷史。早在 1937 年，美國經濟學家阿爾弗雷德・考爾斯（Alfred Cowles）和赫伯特・瓊斯（Herbert Jones）發表了第一篇科學動能研究報告《股市行為的事後機率》（*Some A Posteriori Probabilities in Stock Market Action*），他們編制了 1920 至 1935 年的股票表現統計數據後發現，那些表現優於中位數的股票，隔年也優於中位數的趨勢非常明顯，白話的說法就是前一年表現最好的股票，在第二年的表現通常也會很好。

儘管有早期實務界的成功與學術研究，動能投資研究在九〇年代仍未受到學術界重視，因為現代投資組合及有效市場假說才是主流理論。

然而，有關動能的研究在 1993 年又重新迎來成長。拉辛罕・傑加迪（Narasimhan Jegadeesh）和謝里丹・提特曼（Sheridan Titman）發表了《買入贏家和賣出輸家的回報：對股票市場效率的影響》（*Returns to Buying Winners and Selling Losers: Implications for Stock Market Efficiency*），他們發現，買入過去表現良好且賣出表現不佳的股票策略，在三至十二個月的持股週期內均有顯著的正回報。

之後，諾貝爾經濟學獎得主尤金・法瑪（Eugene Fama）和肯尼斯・弗倫奇（Kenneth French）也發表了相關學術研究，他們曾提出著名的「三因子模型」（Fama-French threefactor model）。根據他們的研究，股票中所有的報酬幾乎都可用「市場因子」、「價值因子」及「規模因子」來解釋，卻無法解釋為何動能投資會產生超額回報。

後來隨著愈來愈多學術研究都指出，動能現象的確存在股市當中，而且幾乎適用於所有市場，比如股票、貨幣、商品、房地產、債權等，在過去兩百年來都有明顯與持久的回報。目前學術與實務界普遍已接受動能投資，並將這種策略實際應用在風險管理與資產配置。

比如應在選股策略上，在第二篇〈投資工具的首選：你一定要知道的 ETF 優點〉中提到，市值加權型的 ETF 對於內部成分股的調整方式，其實就是一種動能策略的應用，只不過時間框架會比較長。

此外，在第三篇〈ETF 選擇障礙？提高效益不踩雷的選擇法〉中也提到，有些 ETF 的指數編制會加入主動選股機制，就是大家常聽到的「因子投資」、「Smart Beta」等選股策略，圖 24 是 MSCI 做的一份研究報告統計，進行過去近四十年各種策略因子的走勢及與大盤回報的比較。

這個統計將各種策略因子（如最小波動、高殖利率、高價值、動能策略等）進行統計，比如圖中的高殖利率，就是將個股殖利率作為篩選股票及調整權重的依據，經過比較後發現，動能策略是所有策略因子裡表現最佳的，年化報酬為

圖 24　近 40 年統計，動能策略的股票投資組合表現最佳

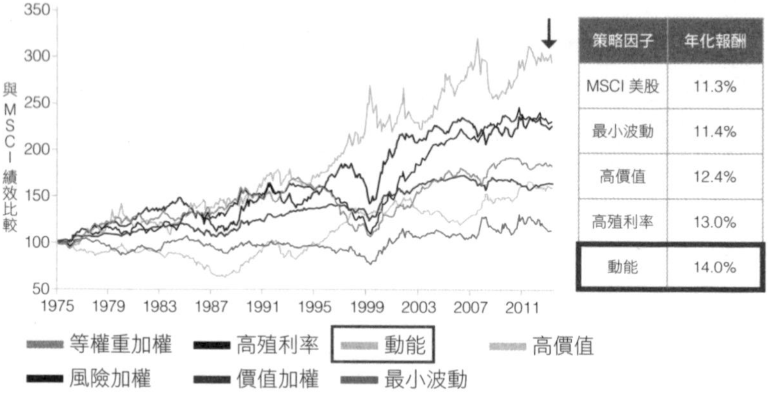

350
300
250
200
150
100
50
與MSCI績效比較
1975
1979
1983
1987
1991
1995
1999
2003
2007
2011
策略因子
年化報酬
MSCI 美股
11.3%
最小波動
11.4%
高價值
12.4%
高殖利率
13.0%
動能
14.0%
等權重加權
高殖利率
動能
高價值
風險加權
價值加權
最小波動

期間：1975-2014／資料來源：MSCI Inc.

14%，明顯高於 MSCI 美國大盤的 11%，也高過其他策略因子的投資組合，可以看到將動能策略應用在選股上，確實能產生超額回報。

投資的不理性行為持久存在

關於動能策略為什麼有效？學術界有很多說法，目前普遍認為可從行為經濟學的角度來說明。

過去傳統經濟學假設人是理性的，市場的價格就等於他

的價值。但後來行為經濟學提出了不一樣的看法，最大的差別在於行為經濟學認為人是不理性的，對於訊息所產生的反應，在決定過程中就會出現行為偏差，而在這種情況下，價格不一定等於價值。這些行為偏差包含下面幾種：

- **定錨效應（Anchoring effect）**：投資人在進行判斷時，很容易受到最初接觸到資訊的影響，並且產生定錨點，也就是大家常聽到的「先入為主」概念。
- **確認偏差（Confirmation bias）**：投資人做決策時，會傾向尋找能支持自己論點或假設的資訊，選擇性地忽視反面論述或證據。
- **處置效應（Disposition effect）**：投資人在面臨買賣決策時，會更傾向賣出獲利的資產，並且繼續持有虧損的標的，也就是人們在面臨損益和風險偏好的分布是不一致的，通常在賺錢時會厭惡風險，賠錢時反而更偏好風險。
- **群聚效應（Critical mass）**：個體行為總是傾向與大多數個體的行為表現一致。

這些行為偏差對於價格會產生什麼影響？

在訊息前期會產生定錨效應、確認偏差及處置效應，這會讓投資人過度依賴舊有的資訊或觀點，並且只蒐集或看到

與自己相同立場的看法，還會傾向過早賣出賺錢的股票，並長期持有賠錢的股票。

到了後期，因為人的行為傾向與團體一致，並且會自我強化，此時會出現群聚效應或反射性等。

這些行為偏差或效應，都會導致投資人對訊息反應不足或過度反應，使得價格會往價值移動，進而出現動能現象，即超漲或超跌，並對投資結果產生超額的報酬或虧損。

那麼投資人的這些行為偏差未來還會存在嗎？其實只要還在投資，不理性的行為就不會突然消失。所以我們可以很合理地推斷，動能策略是一個禁得起時間考驗的投資方式，過去兩百年驗證有效，未來也應該會持續有效。就像傳奇操盤手傑西・李佛摩說過的名言：「華爾街從未改變，市場會變，財富會變，但人性永遠不會改變。」

11

極簡高效的動能策略：
雙動能投資法

　　從前面介紹的研究發展及理論基礎來看，可知「動能」應用在選股策略上，長期都會有超額報酬。甚至市值加權的ETF，本質上也是長期的動能交易系統，只不過上述應用範圍都集中在選股策略及股票單一資產。那麼我們如何能將動能策略進行更廣泛的應用？如果放在更多元的資產類別及資產配置，效果又是如何呢？

打造攻守兼備的投資組合

　　蓋瑞・安東納奇（Gary Antonacci）是這領域的大師，擁有超過四十五年的專業投資經驗，他從哈佛商學院獲得MBA之後，便專注於研究和開發具有學術基礎的創新投資策略，他對動能投資的研究，在美國主動型經理人協會

（National Association of Active Investment Managers, NAAIM）每年頒發的「主動投資管理進步創始人獎」中，分別獲得 2012 年第一名和 2011 年第二名。後來他以獨創的《雙動能投資》（*Dual Momentum Investing: An Innovative Strategy for Higher Returns with Lower Risk*）一書，向全世界介紹了他的研究成果，許多專業投資機構後來都以雙動能為基礎進行投資及研究。

他將動能投資分為兩種，一是「相對動能」，指的是比較特定時期的不同資產，哪個上漲的動能比較強，就持有該資產。另一種是「絕對動能」，即觀察同一標的在過去特定期間的超額報酬（報酬減掉無風險利率），如果大於 0，表示該標的具有正報酬的絕對動能，可繼續持有；如果小於 0，則代表該標的已是負報酬，應該賣出。

投資在進攻時使用相對動能，可以找出最強的股票，提高回報。防守時使用絕對動能，可以有效管理風險。如果結合兩種動能，就可以打造一個攻守兼備的投資組合。

雙動能投資法的具體執行步驟

當我讀到這種策略時就覺得很熟悉，因為如果有看過我上一本書《沒有 18% 我靠股票打造自己的鐵飯碗》的讀者

就知道，過去我在操作個股時所使用的方式是價值動能投資法，這種方式也是動能愈強的股票，就會持續加碼，讓它占的權重愈高，等於是相對動能的應用。

同時我也會設定停損條件，也就是當個股跌幅到一定程度時便停損出場，然後不斷汰弱留強，這就等於是絕對動能的應用。

所以當時我的交易系統和這套雙動能投資的概念是很類似的，只不過它是將動能策略運用在資產上，因為資產的動能趨勢會持續更久且穩定，管理起來更輕鬆，風險也更低。

具體執行的步驟如下：

首先把全球股市概分為美國與美國以外的股票兩大類，然後在每個月的最後一個交易日收盤時，衡量標普 500、全球除美國以外的股票（國際股票）以及短期國債近十二個月的回報率。

當標普 500 的回報率大於短期國債時，再考慮標普 500 與國際股票的回報率，回報率高的就持有那一個，也就是說，在股市多頭時持有動能較強的股票資產。如果標普 500 的回報率小於短期國債，這時就要避險防守，轉成持有總體債券。

根據這個規則調整持股後，就繼續持有到下個月的最後一個交易日，然後重複這個步驟。

操作流程參考圖 25。

圖 25　雙動能投資法執行步驟

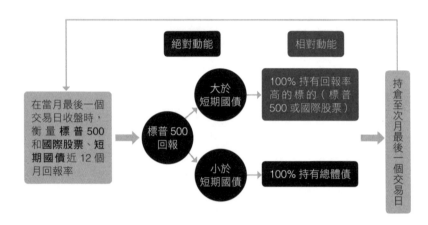

要注意的是，很多網路資料在介紹雙動能策略時，會引用安東納奇書裡的流程圖，其中標普 500 和國際股票都會用來測試「絕對」動能，但其實那個流程只是簡化版本。

我實際去檢視他的學術論文及比對書中內容，發現他只用標普 500 來判斷絕對動能，因為他認為美國股市具有領先全球股市的功能，當標普 500 的絕對動能已是負報酬時，代表股市開始轉空，這時就應該轉換成債券資產避險。

兩種版本最大的差別在於，當標普 500 近十二個月的回

報率小於短期國債近十二個月的回報率時，即使當時國際股
票近十二個月的回報率大於短期國債，還是要避險轉成持有
債券，關於這部分有很多人會誤解。

獲利穩定，風險控制更好

接著來看看這個策略過去的表現。安東納奇在他的官網
有進行超過五十年的回測統計，數據如表 11。

表 11　雙動能投資法 1950-2018 回測統計數據

項目	年均複合成長率	年化標準差	最大回檔	夏普比率	最壞 6 個月報酬	最壞 12 個月報酬	盈利月份比例
雙動能組合	15.8%	11.5%	-17.8%	0.96	-15.7%	-17.8%	69%
標普 500 指數	11.4%	14.2%	-51.0%	0.52	-41.8%	-43.3%	64%

資料來源：Optimal Momentum／作者整理

從表中可以看到，不管在獲利及風險管理的數據上，這
種策略都明顯贏過代表大盤的標普 500 指數，不僅報酬更
高，風險管理也做得更好。所以這個策略長期的夏普比率及
滾動回報，也會優於標普 500 指數，代表獲利更穩定。

此外，安東納奇統計了這段期間的資產分配比重，美

國股票約占 45%，國際股票約 28%，債券是 27%。因此債券長期配置比例只占不到三成，比重並不高，因為它只在需要避險時才會持有，其餘時間都是持有股票。與傳統投資組合固定比例的配置方式不同，也降低了前面提到長期持有大比例債券可能會產生的風險。

　　數據上的唯一劣勢可能就是需要一定的交易次數，因為相較於長期持有大盤，雙動能投資是以「月」為單位進行檢視或調整，如果從資產配置的角度來看，就等於需要定期檢視或「再平衡」，以因應市場環境的變化，並且降低投資風險。但是經過統計，這段期間每年平均交易次數也只有 1.5 次，不管交易次數或交易成本都非常低。但藉由這樣的動態調整，相較於傳統投資組合，卻可以帶來更高的回報，以及更低的風險，而且僅僅只使用三個投資標的，就能達到這樣的績效，確實是屬於非常精簡而高效的資產配置方式。

實例驗證雙動能投資策略效益

　　接下來，我會帶你如何實際投資雙動能組合，以下先整理出一般投資人可以選擇的投資或回測標的，並分別列出各自追蹤的指數、發行日期、費用率、規模、投資區域及類型等資料，請參表 12。

表 12　可選擇的投資／回測標的

	相對動能		絕對動能
代號	VOO	VEU	BND
追蹤指數	S&P 500 Index	FTSE All-World ex US Index	Bloomberg U.S. Aggregate Float Adjusted Index
發行日期	2010.9.7	2007.3.2	2007.4.3
費用率	0.03%	0.07%	0.03%
規模（billion）	291.0B	35.1B	91.2B
投資區域及類型	美國大型股	國際大型股	美國總體債券
其他 ETF	SPY	EFA	AGG
其他共同基金	VFINX	VGTSX	VBMFX

統計截至 2023.03／作者整理

　　這張表基本上以先鋒集團的 ETF 為投資首選，因為它們的費用相較於同類型的 ETF 通常更低，適合長期投資，比如「Vanguard 標普 500 指數 ETF」（VOO）、「Vanguard FTSE 美國以外全世界 ETF」（VEU）及「Vanguard 總體債券市場 ETF」（BND）。

　　同時也列出其他同類 ETF 供選擇參考，包含「SPDR 標普 500 指數 ETF」（SPY）、「iShares MSCI 歐澳遠東 ETF」（EFA）及「iShares 美國核心綜合債券 ETF」（AGG），這

些也是非常優質的 ETF，而且歷史更悠久，可以進行更久以前的回測。

至於最後列出的共同基金，比如追蹤標普 500 指數的「Vanguard 500 Index Investor」（VFINX）、國際股票的「Vanguard Total Intl Stock Idx Fund」（VGTSX）及總體債券「Vanguard Total Bond Market Index Inv」（VBMFX），這幾檔其實就是第一篇〈投資工具停看聽：ETF 是什麼？〉提到屬於被動型的共同基金，因為它們也是被動地追蹤特定指數，而且走勢會貼近追蹤相同指數的 ETF。

雖然這些被動型共同基金目前在台灣還沒辦法買，但因為它們的成立時間比上述的 ETF 都長，若投資人想進行更久以前的回測，可優先使用這些標的，這樣回測時間可以更久，所得到的結果也會更有參考性。

如果使用這些共同基金如 VFINX、VGTSX、VBMFX 進行回測，最早可從 1997 年 5 月開始（以月為單位），回測時間超過 25 年，圖 26 為回測結果。

在這段期間，雙動能組合從原本的本金 10,000 美元，成長到 118,719 美元，漲幅超過 11 倍，年均複合成長率為 10.02%，總報酬率約為 1,087.2%，然後同期標普 500 是從本金 10,000 美元，成長到 80,763 美元，漲幅約 8 倍多，年均複合成長率為 8.39%，總報酬率約為 707.6%，雙動能組

圖 26　雙動能組合與標普 500 的回測結果

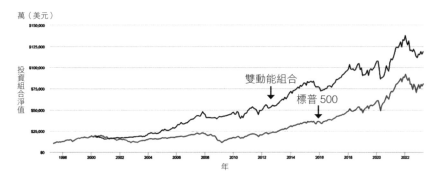

萬（美元）

投資組合淨值

期間：1997.5-2023.3／圖片來源：Portfolio Visualizer

表 13　雙動能組合與標普 500 的回測數據

項目	總報酬	年均複合成長率	標準差	最大回檔	夏普比率	索提諾比率
雙動能組合	1,087.2%	10.2%	12.64%	-19.71%	0.67	1.01
標普 500 指數	707.6%	8.39%	15.70%	-50.97%	0.47	0.68

資料來源：Portfolio Visualizer／作者整理

合的回報明顯更好（參表 13）。

　　再來看看衡量風險的標準差和最大回檔。標普 500 的標準差為 15.70%，最大回檔為 -50.97%，而雙動能組合的標準差為 12.64%，最大回檔僅為 -19.71%，也是雙動能組合

的風險較小。此外，夏普比率和索提諾比率也都比標普 500
還高。

接下來比較一下兩者的滾動回報（參表 14），可以看到
也是雙動能組合的表現更好，因為三年滾動回報在最壞的時
間下只有 -2.67%，五年以上的滾動回報已是正報酬。但標
普 500 的三年滾動回報在最壞情況下還有 -16.14%，甚至到
第十年的滾動回報都還可能是負報酬。從數據顯示，這確實
是個能提高回報、降低風險的配置策略。

表 14　雙動能組合與標普 500 的滾動回報

滾動回報期間	雙動能投資			標普 500 指數		
	平均	最好	最壞	平均	最好	最壞
1 年	10.36%	40.93%	-18.27%	9.25%	56.19%	-43.32%
3 年	9.60%	26.63%	-2.67%	7.88%	25.91%	-16.14%
5 年	9.79%	21.58%	1.04%	7.39%	22.85%	-6.73%
7 年	10.09%	16.81%	5.01%	7.60%	17.12%	-3.94%
10 年	10.22%	15.36%	6.06%	7.52%	16.52%	-3.51%
15 年	10.04%	12.21%	5.80%	7.25%	10.77%	3.64%

資料來源：Portfolio Visualizer／作者整理

最後來統計這個策略的交易次數。這段期間平均每年僅
1.2 次、也就是平均八個月才操作一次，屬於非常省時省力

的投資策略。而這種頻率非常低的操作模式，反而才能讓投資人完整參與到多頭市場的行情。就像傑西・李佛摩說過的話，真正賺大錢的祕訣在於牛市時買進股票，然後坐著讓行情自己發展，頻繁進出股市通常是致命的，多數散戶進行短線操作，最後幾乎都是虧損收場。

　　該策略在多頭行情的配置情形可以舉個例子具體說明。比如在最近一次的大多頭市場，從 2020 年 6 月到 2021 年 5 月，這個策略就整整一年都沒有交易，只是買進後持有，然後投資獲利就超過 40%。觀察該策略在其他多頭行情時也有類似情形，所以這種簡單高效的投資策略，反而更容易為投資人帶來更好的回報。

雙動能投資的優劣勢分析

　　就我的實戰經驗而言，我認為這確實是一個很省時高效的長線投資策略，而且交易頻率很低，可以過濾掉很多雜訊。但在執行過程中，我也觀察到一些問題，因為這種策略對於市場變化反應較慢，一旦碰到行情變化太快速或劇烈，可能就無法及時因應調整。

　　2020 年的疫情股災就是個很明顯的例子。比如在 2020 年 1 到 5 月這段期間，雙動能組合的績效約 -18%，同期標

普 500 指數的績效是 -5%，雙動能組合不僅未有效避險，反而落後大盤高達 13%（參圖 27）。

圖 27　動能投資組合與標普 500 指數的績效比較

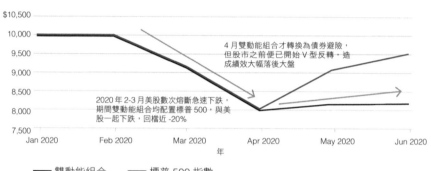

4 月雙動能組合才轉換為債券避險，但股市之前便已開始 V 型反轉，造成績效大幅落後大盤

2020 年 2-3 月美股數次熔斷急速下跌，期間雙動能組合均配置標普 500，與美股一起下跌，回檔近 -20%

■ 雙動能組合　　■ 標普 500 指數

期間：2020.1-2020.5／圖片來源：Portfolio Visualizer

為什麼會造成這種情況？我們可以從雙動能組合的資產轉換時序找到答案。2020 年 2 到 3 月時，雖然股市大幅下跌，但因為標普 500 指數過去一年累積的回報仍是正報酬，所以雙動能組合仍持有標普 500。到了 3 月中旬，標普 500 開始觸底反彈，之後一路大漲，成為罕見的 V 型反轉。

但雙動能組合在 4 月要計算動能時，卻因為標普 500 指數過去一年的累積回報已轉變為負報酬（因為 3 月大跌），

所以 4 月時才轉換為債券避險，不過這時轉換已經太晚，造成雙動能組合在股市下跌接近 20% 時才開始避險，不僅把股票賣在股災的低點，還錯過了後面強勁的 V 型反彈。

到了 6 月時，因為標普 500 指數再次出現動能訊號，將投資組合重新轉換為標普 500，但已經錯過之前股市反彈的回報，造成這段期間的績效落後大盤。

不過持平來說，在 2020 年疫情期間所發生的股市變化，從美股四次熔斷的急速下跌，再到之後的 V 型反轉，這在過去歷史紀錄上從未出現過，若希望長線的資產配置策略，也能針對這種狀況即時因應調整，本來就是不合理的期待，但也確實凸顯了這種策略可能會出現的問題。

當然每種投資策略都有優缺點，沒有完美的方法，但我們確實也可以從這次經驗學到，雙動能投資因為屬於比較長期的趨勢調整，所以無法因應這種急速下跌或上漲的市場變化。那麼動能投資有沒有調整或改善的空間呢？其實是有的，後面內容會再談到。

12

靈活積極的動能策略：
加速雙動能投資法

上一篇介紹了經典的雙動能投資法，本篇要分享第二種動態資產配置，屬於比較積極的策略，並且可以優化傳統雙動能投資的表現。

雙動能投資法仍有改進空間

雙動能投資法屬於最傳統的類型，雖然已是非常省時高效的投資策略，但還是有一些問題或改進的空間。

第一個是統計區間問題：因為它是用過去十二個月的報酬當做判斷依據，優點是操作頻率很低，長期平均每年才1.2 次，缺點是對市場變化的反應較慢。就像上一篇提到，如果當碰到市場短期的變動太劇烈時，可能就無法及時因應調整。

第二個是絕對動能的問題：雙動能投資在防守時，避險資產是採用總體債券，而總體債券裡的組成包含公司債及公債，其中公司債與股市的相關性較高，遇到股災大跌時，受到市場波動的影響較大，所以整體防禦的效果會不如純粹的公債。

第三個是相對動能的問題：雙動能投資在進攻時，是用美國大型股和國際大型股來比較兩者動能的強弱，並做適時的切換。但在現今這個時代，世界各國之間的聯繫愈來愈密切，尤其標普 500 指數裡有很多成分股都是全球性的跨國大企業，也是各產業的龍頭公司，所以它們的漲跌常常與全球股市連動。

根據統計，在過去二十年間，美國大型股與國際大型股的相關性愈來愈高，在這種情況下只選擇這兩種來配置，效益相對不明顯，也較難達到分散風險的效果。

那麼，有沒有更好的替代方式呢？從表 15 可以找到答案，裡面列出了過去二十六年標普 500 指數、國際股及國際小型股相互之間滾動三年的相關係數。

標普 500 指數和國際小型股的相關係數最低，只有 0.74，而與國際股的相關係數則是 0.85。年化報酬方面，國際股票只有 4.45%，國際小型股是 7.59%。而過去的學術研究指出，小型公司的股票通常比大型公司的股票有更高的報

表 15　標普 500、國際股、國際小型股滾動三年的相關係數

	標普 500	國際股	國際小型股	年化報酬
標普 500	1.00	0.85	0.74	8.42%
國際股	0.85	1.00	0.89	4.45%
國際小型股	0.74	0.89	1.00	7.59%

期間：1997.1-2022.12／資料來源：Portfolio Visualizer／作者整理

酬，會出現所謂的規模效應。

從以上兩點可以看出，假如將國際大型股改配置為國際小型股，不僅與標普 500 指數的相關係數更低，可以進一步分散風險，也有機會獲得更高的回報。因此，國際小型股應該是更好的替代方案。

改良版策略更能有效避險

所以為了改善雙動能投資法的問題，接下來介紹一種改良版的雙動能策略，這是由國外一位名叫 Hanly 的工程師所提出，稱之為「加速雙動能投資法」。

這個策略在統計區間方面，將動能計算從原來的十二個月，改成一個月、三個月及六個月的報酬加權平均，除了統計區間變得更短，還採用不同週期報酬的加總平均，作為衡

量動能計算的方式，這樣就可以更快速地因應市場環境的動能變化。

另外在絕對動能部分，因為過去碰到大型股災時，公債的避險效果最好，尤其是長期公債，所以避險資產就從總體債券轉換成長期公債。

最後在相對動能部分，原本的國際大型股就和前面講的一樣，改成國際小型股。這樣投資的分散效果會更好。

加速雙動能投資法具體執行步驟

那麼我們應該如何具體執行這項策略呢？

首先，在最後一個月的交易日，衡量標普 500 與國際小型股近一、三、六個月的平均加權回報，比如標普 500 近一、三、六個月的回報分別是 -5%、10%、10%，那標普 500 的加速動能就是三者的平均加權回報，也就是（-5+10+10）÷3=5。

接著先用相對動能來比較標普 500 和國際小型股回報的高低，選出動能較高的資產，再用絕動動能來判斷是否做多該資產。

到這裡可以回頭比較一下，雙動能投資的順序是先判斷絕對動能，再進入相對動能的選擇，加速雙動能投資法則剛

好相反。

　　至於用絕對動能判斷的步驟是，如果用相對動能選出標普 500 或國際小型股且回報大於 0，就做多標普 500 或國際小型股；若選出來的標普 500 或國際小型股的回報都小於 0，代表絕對動能為負數，就是要轉換成長期公債來避險。

　　根據這個規則調整持股後，就繼續持有到下個月的最後一個交易日，然後再重複這個步驟。操作流程參考圖 28。

圖 28　加速雙動能投資法執行步驟

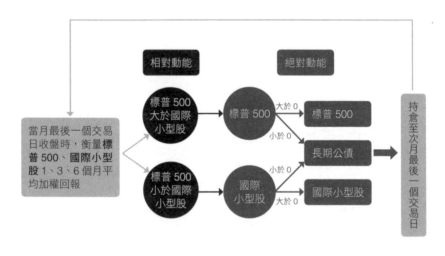

實例驗證加速雙動能投資策略效益

那麼，經過這樣調整後的策略表現如何呢？我同樣整理出一般投資人可以選擇投資或回測的標的。除了前面列出的「Vanguard 標普 500 指數 ETF」（VOO），再新增追蹤國際小型股的「iShares MSCI 歐澳遠東小型股 ETF」（SCZ）和「iShares 20 年期以上美國公債 ETF」（TLT），並且分別列出它們所追蹤的指數、發行日期、費用率、規模、投資區域及類型等資料（參表 16）。

表中同樣列出其他同類 ETF，除了美股的「SPDR 標普 500 指數 ETF」（SPY）、「Vanguard 美國以外全世界小型股 ETF」（Vanguard FTSE All-World ex-US Small-Cap ETF，代號 VSS）、「Vanguard 長期公債 ETF」（Vanguard Long-Term Treasury ETF，代號 VGLT），還增加了在台股追蹤相同指數的「元大標普 500」（00646）及「元大美債 20 年」（00679B），雖然這兩檔台股 ETF 多數條件都不如美股 ETF，但對於只在台股交易的投資人來說會比較方便。

最後也列出追蹤相同或類似指數的共同基金，因為它們成立的時間比上述 ETF 都更久，可以進行更長的回測，除了前面提過追蹤標普 500 的「Vanguard 500 Index Investor」（VFINX），還新增了追蹤國際小型股指數的「Vanguard

表 16　可選擇的投資／回測標的

	相對動能		絕對動能
代號	VOO	SCZ	TLT
追蹤指數	S&P 500 Index	MSCI EAFE Small Cap Index	ICE US Treasury 20+ Year Index
發行日期	2010.9.7	2007.12.10	2002.7.22
費用率	0.03%	0.39%	0.15%
規模（billion）	291.0B	11.3B	35.6B
投資區域及類型	美國大型股	國際小型股	美國長期公債
其他 ETF	SPY、00646	VSS	VGLT、00679B
其他共同基金	VFINX	VINEX	VUSTX

統計截至 2023.03／作者整理

International Explorer Inv」（VINEX），以及長期公債的「Vanguard Long Term Treasury Inv」（VUSTX）。

　　如果使用這些共同基金進行回測，最早可從 1997 年 6 月開始（以「月」為單位），回測時間超過 25 年，一樣經歷過多次大型股災的考驗，非常具有參考價值。圖 29 為回測結果。

　　表 17 為加速雙動能組合和標普 500 指數的回測數據比

圖 29 加速雙動能組合與標普 500 指數的回測結果

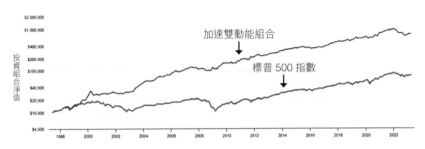

期間：1997.6-2023.3／圖片來源：Portfolio Visualizer

表 17 加速雙動能組合與標普 500 指數回測數據比較

項目	總報酬	年均複合成長率	標準差	最大回檔	夏普比率	索提諾比率
加速雙動能組合	7,452.3%	18.22%	14.85%	-33.37%	1.08	1.96
標普 500 指數	661.3%	8.17%	15.69%	-50.97%	0.46	0.66

期間：1997.6-2023.3／資料來源：Portfolio Visualizer／作者整理

較。先來比較報酬。這段期間加速雙動能組合從原本的本金 10,000 美元，成長到 755,226 美元，漲幅超過 75 倍，年均複合成長率為 18.22%，總報酬率約為 7,452.3%，然後同期標普 500 指數是從本金 10,000 美元成長到 76,129 美元，漲幅僅約 7 倍多，年均複合成長率為 8.17%，總報酬率約為

661.3%，前者總報酬約為後者的 11.3 倍。

接著衡量風險的標準差和最大回檔。標普 500 指數的標準差為 15.69%，最大回檔為 -50.97%，而加速雙動能組合的標準差為 14.85%，最大回檔僅為 -33.37%，很明顯也是加速雙動能組合的風險較小。

再來看夏普比率和索提諾比率，加速雙動能組合也是高出標普 500 非常多。

如果觀察歷年的回報，可以發現過去幾次大型股災中，比如 2000 至 2002 年的科技泡沫、2008 年金融海嘯、2018 年中美貿易戰爭，標普 500 指數都是負報酬，整年績效約為 -22% 到 -37% 之間，但同年度的加速雙動能組合都是正報酬。事實上，這個策略在過去二十五年僅有一個年度是虧損，表現非常驚人（參圖 30）。

表 18 為兩者的滾動回報數據。可以看到也是加速雙動能投資組合的表現更好，三年滾動回報在最壞的情況下的績效也有 -0.80%，幾乎已不會虧損，五年以上的滾動回報就已經都是正報酬。但標普 500 指數的三年滾動回報在最壞情況下還有 -16.14% 的虧損，甚至到了第十年的滾動回報，都還有可能是負報酬。很顯然，加速雙動能投資法相較於傳統雙動能投資，確實是更為積極靈活、能有效提高回報、風險管理也更好的投資策略。

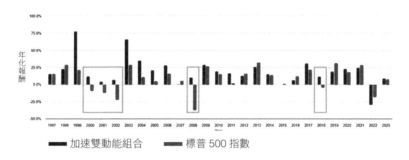

圖30　加速雙動能組合與標普 500 指數報酬比較

圖例：■ 加速雙動能組合　■ 標普 500 指數

期間：1997.6-2023.3／資料來源：Portfolio Visualizer

表 18　加速雙動能組合與標普 500 指數滾動回報數據

滾動回報期間	加速雙動能組合			標普 500 指數		
	平均	最好	最壞	平均	最好	最壞
1 年	19.91%	130.41%	-30.88%	9.15%	56.19%	-43.32%
3 年	19.02%	44.72%	-0.80%	7.82%	25.91%	-16.14%
5 年	18.66%	34.08%	6.60%	7.39%	22.85%	-6.73%
7 年	18.63%	30.60%	9.29%	7.60%	17.12%	-3.94%
10 年	18.27%	28.51%	11.01%	7.52%	16.52%	-3.51%
15 年	18.16%	23.34%	12.07%	7.26%	10.77%	3.64%

資料來源：Portfolio Visualizer／作者整理

最後來統計這個策略的交易次數。這段期間平均每年約 3.1 次,也就是平均 3.8 個月要交易一次。雖然次數比雙動能組合多,但平均每次轉換都是持有近四個月,不需要頻繁交易,仍然是屬於省時高效的投資策略。

靈活運用加速雙動能,優化投資組合

就我實際操作的經驗來看,加速雙動能的優點在於採用一、三、六個月報酬的加權平均,所以能兼顧市場在短、中、長期的趨勢變化。此外,這種計算方式對市場短期變化會較敏感,因為月份愈近,其報酬所占的動能權重愈高,所以能反映出市場動能的加速度。相較於股市傳統的價格統計指標(如平均線等),這種計算方式對於市場變化的反應會更快速,可以即時因應調整,彌補傳統雙動能投資的不足。

比如同樣在 2020 年疫情的那段期間,加速雙動能組合早在 3 月初時,就因為當時加速動能訊號已顯示為負報酬,所以轉換為長期公債避險,除了避開標普 500 當月 -12% 以上的負報酬,還因為持有長期公債,反而在當月繳出 5.6% 以上的回報(參圖 31)。在當時市場最恐慌、幾乎所有資產都在大跌的時候,加速雙動能組合竟然還能逆勢上漲,有實際經歷過那段期間的投資人就會知道,這是難度非常高的績

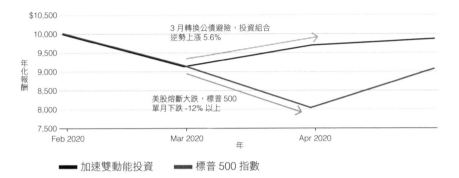

圖 31　加速雙動能組合與標普 500 指數的報酬比較

3 月轉換公債避險，投資組合
逆勢上漲 5.6%

美股熔斷大跌，標普 500
單月下跌 -12% 以上

年化報酬

$10,500
10,000
9,500
9,000
8,500
8,000
7,500

Feb 2020　　　　　Mar 2020　　　　　Apr 2020
年

■■ 加速雙動能投資　　■■ 標普 500 指數

期間：2020.02-2022.4／圖片來源：Portfolio Visualizer

效表現。

　　此外，就算你不是執行這個策略，或是投資個股，同樣
也可以把它當成市場趨勢變化的警示燈號，因為如果加速動
能顯示負報酬的訊號，代表市場整體動能開始轉弱，投資應
該趨於保守，並且降低風險資產的曝險部位。雖然不見得都
會出現大跌，然而一旦真的出現大型股災，就可以讓你之後
都避開大跌，不會出現災難性的虧損。

　　當然這個策略也是有缺點，首先是交易頻率比傳統雙動
能投資來得高，尤其以全球市場來看，近代美股長期趨勢最
強，可能會出現投資組合才轉換到國際小型股沒幾個月，卻

又要切換到美股，遇到類似盤整的次數會比較多。

　　若想減少交易次數，可以考慮只使用「絕對動能」來當做濾網，即只用標普 500 和長期公債進行切換；如果你只在台股交易，前面列表就有列出追蹤這兩個指數的台股 ETF 提供參考。

　　圖 32 就是只用標普 500 和長期公債這兩種資產做轉換的簡化版策略。可以看到即使只用兩種標的做轉換，長期績效依然明顯贏過大盤，走勢也更穩定，而且這段期間平均每年交易次數僅 2.6 次，平均每 4.6 個月才需要交易一次，操作次數也降低很多。

圖 32　加速雙動能組合與標普 500 指數績效比較

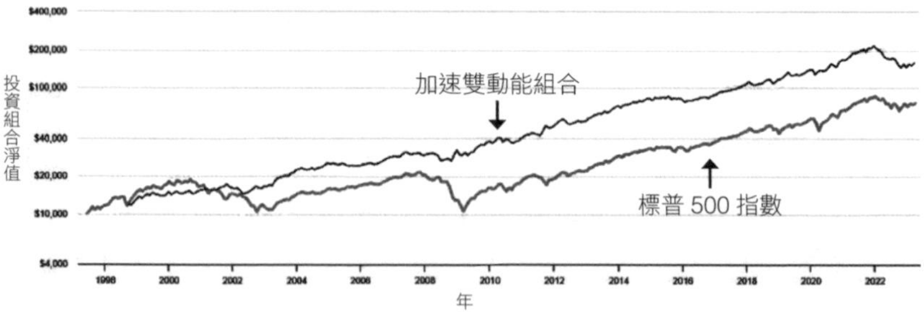

期間：1997.6-2023.3／資料來源：Portfolio Visualizer

當然，與原本的加速雙動能策略相比，報酬會下降不少，因為缺少了對國際小型股的曝險。但相反的，轉換或盤整的次數也會降低。所以每種策略都各有優缺點，依個人的取捨來決定。

另外，從上面的回測結果也可發現，假如投資標的僅使用絕對動能，整體績效已有很好的提升，因為可以有效避開股災的大跌。除了上述標普 500 外，其他特定的國家、產業甚至個股投資都適用。比如追蹤台股市場的「iShares MSCI 台灣 ETF」（EWT）、「元大台灣 50」（0050）、科技產業的「Invesco 納斯達克 100 指數 ETF」（Invesco QQQ Trust，代號 QQQ）等，甚至連號稱失落二十年的日本「iShares MSCI 日本 ETF」（iShares MSCI Japan ETF，代號 EWJ），透過長期回測都可以發現，相較於單純持有的投資方式，經過這種策略的調整，對於長期績效表現都會有明顯的優化，不僅回報更高，風險也更低。

因此，加速雙動能是個可以靈活調整擴充的投資系統，投資人不必局限於前面所講的範例。除了可以靈活運用絕對動能，在相對動能部分，只要選擇的標的是長期趨勢向上、和其他資產間彼此相關係數低，就很適合搭配使用。通常再經過相對動能的調整，投資組合也有機會得到更好的優化。

13

全方位避險的動能策略：
加速防禦動能投資法

　　雙動能及加速雙動能都是非常省時高效的投資策略，但在我看來，這兩個動能策略在絕對動能部分還是有共同的問題，因為兩者的避險資產都是直接採用債券，不論是用總體債或公債，這種做法或許之前很有效，但就像前面提過的，過去四十多年我們都是身處在長期降息的大環境，經歷了債券的大牛市，這也是為何過去債券能有效對沖系統性風險的主因。然而一旦遇到金融環境改變，利率趨勢反轉，這種策略就很難發揮避險的效果。

　　雖然這些動能投資組合只有在需要避險時才持有債券，與傳統投資組合固定比例的配置方式相比，已大幅降低了長期持有大比例債券可能遇到的風險，但碰到市場空頭且急速升息的環境時，依然會出現上述問題。尤其是加速雙動能組合是採用長天期的公債來當做避險資產，勢必會承擔更高的

利率風險。

　　所以，儘管加速雙動能投資曾連續二十四年度都是正報酬，而且順利度過了 2000 年科技泡沫及 2008 年金融海嘯的考驗，但在 2022 年聯準會的暴力升息環境下，依然無法倖免。而且因為轉換長天期公債避險的關係，當年度還出現 -29.87% 的大跌（參圖 33）。

圖33　加速雙動能組合因使用長期公債避險，2022 年出現大跌

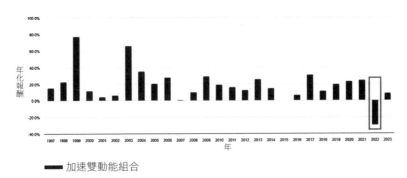

期間：1997.6-2023.3／資料來源：Portfolio Visualizer

　　如果回歸動能投資的本質來思考，就是要對投資組合進行持續的汰弱留強，而絕對動能的判斷標準是，只有當資產的動能具有正報酬時才持有，所以防守時用絕對動能來過濾股市，確實可以有效管理風險。但同時加速雙動能策略長期

把債券當成無風險資產，並且作為避險的唯一手段，而不管當時債券的動能是否為正報酬都一律持有，這其實在動能策略的思考邏輯上，就已經出現很明顯的盲點，也忽略了債券背後所隱藏的利率風險。因此當市場出現 2022 年這種罕見的暴力升息環境時，自然無法有效處理這種系統性風險。

所以，不管最後是選擇哪一種資產，在動能策略的思考邏輯之下，更好的做法應該是對於任何金融資產都要具備相同的風險意識，並且全方位地適用動能策略，來檢視及過濾個別資產的表現，這才是解決之道，也才能夠更有效地管理風險。

加速防禦動能投資法具體執行步驟

因此，當股市邁入空頭時，倘若當時的債券也不具備動能時，將避險資產轉換成現金或其他具有絕對動能的標的，才是更符合動能策略體系的做法。因為動能策略投資的前題是該資產具有動能，假如當市場出現極端系統性風險，導致投資組合裡的風險資產最後都無法提供正報酬時，那麼現金就是最終極、也是風險最低的避險工具。

我將這種策略稱為「加速防禦動能投資法」，具體的執行步驟請參圖 34。前面的流程都一樣，只是當標普 500 和

國際小型股都不具有動能時，並不會理所當然地切換為長期公債來避險，而是會再增加一個防禦動能來過濾，進一步去比較長期公債與現金過去一個月的回報率，並且選擇做多回報高的資產，只有當債券也具有絕對動能時才會選擇持有，如此才能全方位地因應各種大環境的變化。

圖 34　加速防禦動能投資法執行步驟

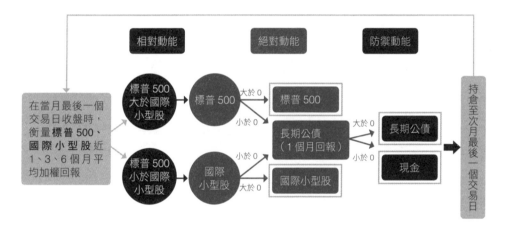

實例驗證加速防禦動能投資策略效益

那麼加速雙動能策略經過這樣調整後，績效表現會是如何呢？首先，加速防禦動能除了在空頭時增加現金的轉換選

項外，其他標的都和加速雙動能一樣。所以，為了進行更長時間的回測，我一樣使用「Vanguard 500 Index Investor」（VFINX）、「Vanguard International Explorer Inv」（VINEX）及「Vanguard Long Term Treasury Inv」（VUSTX）這些共同基金來作為回測標的。

　　時間從 1998 年 1 月開始，回測時間超過 25 年，一樣經歷過各種股災，圖 35 為兩者的回測結果。

圖 35　加速防禦動能組合與加速雙動能組合的回測結果

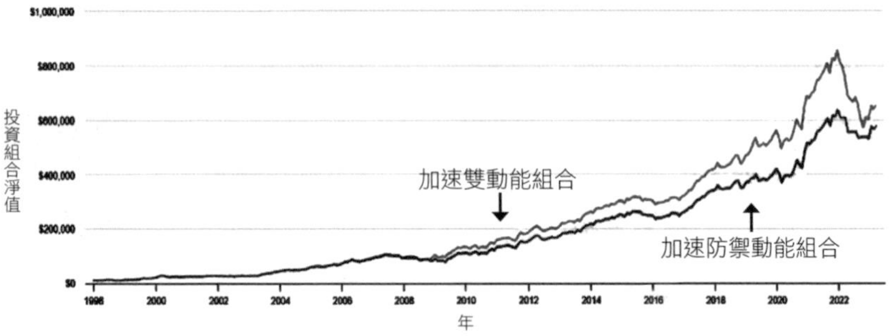

期間：1998.1-2023.3／資料來源：Portfolio Visualizer

　　我們先來比較兩種投資組合的報酬（參表 19）。在這段期間裡，加速防禦動能組合從原本的本金 10,000 美元，成長到 576,476 美元，漲幅超過 57 倍，年均複合成長率為

表 19　加速防禦動能組合與加速雙動能組合回測數據比較

項目	總報酬	年均複合成長率	標準差	最壞年度	最大回檔	夏普比率	索提諾比率
加速防禦動能組合	5,664.8%	17.42%	14.26%	-17.31%	-23.93%	1.08	1.98
加速雙動能組合	6,441.2%	18.01%	14.82%	-29.87%	-33.37%	1.08	1.96

期間：1998.1-2023.3／資料來源：Portfolio Visualizer／作者整理

17.42%，總報酬率約為 5,664.8%，至於同期的加速雙動能組合是從本金 10,000 美元，成長到 654,122 美元，漲幅超過 65 倍，年均複合成長率為 18.01%，總報酬率約為 6,441.2%。從這些數據可以看到，加速防禦動能組合的報酬略低於加速雙動能組合。

不過，這次我們的重點在於管理風險，接下來比較兩者的風險相關數據。從表 19 可以看到，加速雙動能組合的標準差為 14.82%，最壞年度的報酬是 -29.87%，最大回檔為 -33.37%；而加速防禦動能組合的標準差為 14.26%，最壞年度的報酬為 -17.31%，最大回檔則只有 -23.93%。從這些數據可以發現，加速防禦動能組合的風險管理確實比較好。

至於兩者的夏普比率均為 1.08，但索提諾比率則是加速防禦動能組合略高。可見，優化後的加速防禦動能組合是個長期績效優於大盤、而且風險控管也更好的投資策略。

加速防禦動能更能因應各種景氣環境的變化

就我的操作經驗來看，優化後的加速防禦動能組合在處於多頭環境時，與原版加速雙動能組合的差異不大，但當市場出現空頭時，因為這種做法減少對於債券的使用及依賴，所以更能適應各種景氣環境的變化。

比如觀察歷年的回報，發現兩者績效都很接近，唯一較大的差別在於遇到幾次大型股災時的表現。像是 2008 年金融海嘯，當年度加速雙動能組合的報酬是 10.2%，但加速防禦動能組合僅 -1.7%，主要是因為這個策略在防守時會有現金這個選項，並非直接轉換成長期公債。當處在有利債券的長期降息環境時，因為減少對債券曝險，所以會造成該年度績效些微落後。

但反過來說，當 2022 年市場出現通膨升息、股債雙跌的環境時，加速雙動能組合因為仍維持過去使用長期公債避險的做法，造成當年度最大回檔為 -33.37%，而加速防禦動能組合則會因應環境變化轉為持有現金避險，所以當年度的最大回檔只有 -17.31%，來回差距達 16.06%，對於降低風險有非常明顯地提升（參圖 36）。

另外，從兩者資產轉換的方式也可以看出，原版加速雙動能組合在 2022 年 2 月初就已經開始轉換為防守資產，當

圖 36　加速防禦動能組合有利降低風險

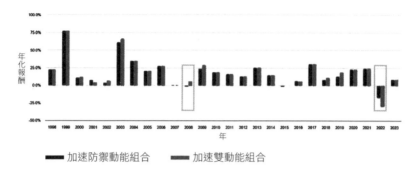

年化報酬

加速防禦動能組合　加速雙動能組合

期間：1998.1-2023.3／圖片來源：Portfolio Visualizer

時股市仍處於起跌階段，仍有機會避開後續的大跌，但因為選擇長期公債，反而造成更大的跌幅。

　　反觀加速防禦動能組合在 2 月初轉換時，因為當時長期公債的動能也是負報酬，所以是轉換為現金，之後也是以持有現金為主。

　　對照後來債券在股災時持續大跌，印證了這種策略才是更有效的避險手段。而且在股災發生時，投資人手上還保留大量的現金，沒有全部套牢在市場裡，投資的選擇會更有彈性，心情也更穩定。

　　那時候我在 2022 年 3 月線上課程的專屬討論區也有專文提醒債券的風險，並且分享了我如何調整及優化策略的方

法，節錄當時部分內容如下：

債券天期愈長，對利率的變化愈敏感，所以我會不斷強調，資產配置使用債券，在現在大環境下要特別小心，也不一定能發揮避險的效果，即使過往效果最好的美國公債也不例外。

所以後來我會特別增加保守加速動能的指標去觀察，也就是當出現市場避險訊號時，我不會直接轉換成債券，而是一樣會用雙動能系統去過濾幾個主要避險資產的動能強弱 (如 TLT、LQD、GLD 等)，如果它們具有絕對動能的話，我再選擇相對動能最強的資產去轉換。但如果都沒有動能的話，就會持有現金。

比如今年 2 月出現訊號需要轉換避險資產的時候，這幾個避險資產的加速動能都是負報酬，只有黃金後來有動能，所以這時候我只會考慮轉換現金或黃金，而不會去選擇其他比現金更弱勢的資產。

總結來說，投資人很難預測未來景氣環境的變化，或者聯準會的利率政策走向，然而不管未來市場如何改變，從長期回測及我過去的實戰經驗，我認為加速防禦動能組合在投資時確實會更有彈性，也能更全方位地因應市場的變化進行

調整。

　　所以無論投資人未來處於何種景氣階段，參考這種動能策略或思考體系，都能更有效地管理風險，並且彌補前面加速雙動能與雙動能投資策略的盲點與不足之處。

14

多元分散的動能策略：
複合雙動能投資法

　　前面介紹過的動能投資，不管是雙動能投資或是加速雙動能投資，雖然都是非常省時高效的投資策略，但其實都有共通的問題可以優化。

　　首先是相對動能部分，前面提過的投資組合每次轉換時，只會持有單一資產，比如多頭時期，雙動能就是轉換標普 500 或國際股，加速雙動能就是轉換標普 500 或國際小型股，每次都是持有單一股票類的資產。

　　好處是從過去歷史來看，股票是報酬最高的資產類別，集中持有股票才能讓投資組合有最高的回報。缺點就是會造成投資組合的風險過於集中單一資產，波動會較高，也缺少更多元資產的分散及曝險。

　　第二是絕對動能的部分，因為它們的避險資產都是採用債券，無論是總體債或公債，就像前面在介紹加速防禦動能

時提到，這種做法在過去長期降息的大環境很有效，但只要金融市場改變，利率趨勢反轉，就很難發揮避險效果。

因此要改善這些問題，就可以使用由《雙動能投資》作者安東納奇提出的另一套投資系統——複合雙動能投資法，這屬於更多元分散的動態資產配置，能更進一步降低風險。

在相對動能部分，它從原本僅限於股票類的資產，增加了信用風險、房地產及避險類的資產，讓投資組合的資產更為分散及多元。

在絕對動能部分，它將避險資產從債券轉換成現金，如此一來，不管碰到任何股災型態都適用，因為這是所有避險手段中最終極、也是風險最低的方式。

複合雙動能投資法具體執行步驟

這個策略該如何具體執行呢？

首先，投資人要將資金平均分配在四大類的資產中，即「股票」、「信用風險」、「不動產」及「避險資產」。每個大類再細分，比如股票類分為美國股票和國際股票，這個分類方式也就是延續原本的雙動能投資；不動產類分為美國權益型 REITs 和抵押型 REITs；信用類分為美國公司債和高收益債；避險類則分為黃金和美國長期公債。

在每個月的最後一個交易日收盤時，計算以上八種資產最近十二個月的回報，以及短期國債最近十二個月的回報。然後從各類別資產中選出回報較高的資產（相對動能），假如該資產最近十二個月的回報高於短期國債，便做多該資產，否則就轉換成現金避險（絕對動能）。

根據這個規則調整持股後，就繼續持有到下個月的最後一個交易日，然後重複這個步驟，並且重新再平衡。

所以，這個策略就類似先把資金平均分成四大類，再針對四大類資產分別執行「雙動能投資」的流程。實際操作步驟參圖 37。

圖 37　複合雙動能投資法執行步驟

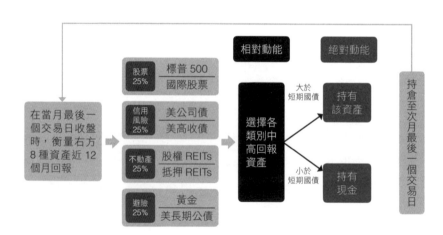

複合雙動能投資策略的歷史表現

接著我們來看這個策略過去的歷史表現。以下有進行超過三十年以上的回測統計，並且和同樣屬於保守策略的傳統股六債四組合進行比較，數據如表 20。

表 20　複合雙動能投資法與傳統組合回測數據比較

項目	年均複合成長率	標準差	最大回檔	夏普比率	索提諾比率
複合雙動能組合	11.6%	7.9%	-9.5%	1.02	1.90
股6債4組合	9.6%	9.5%	-29.5%	0.64	1.07

期間：1985.01-2016.10／資料來源：Allocate Smartly／作者整理

先看回報。複合雙動能組合的年均複合成長率為 11.6%，同期股六債四組合的年均複合成長率則是 9.6%，複合雙動能組合的回報更好。

再來觀察衡量風險的標準差和最大回檔。股六債四組合的標準差為 9.5%，最大回檔為 -29.5%，而複合雙動能組合的標準差為 7.9%，最大回檔僅為 -9.5%，很明顯也是複合雙動能組合的風險較小。

最後檢視夏普比率和索提諾比率，可以看到複合雙動能

組合也是高於傳統股六債四組合。

　　從以上數據可知，這種投資策略除了比傳統股六債四組合的回報更高，也是前面所有介紹過的策略中風險及波動最低的，最大回檔不超過 -10%，確實是能大幅降低風險的動態資產配置策略。不過因為涉及更多資產類別的轉換，所以交易次數也是最高的，根據統計，這段期間每年平均交易次數約 9.3 次，執行起來會最複雜。

　　此外，我們也可以把個別種類資產當做一個獨立的雙動能策略進行回測，並且與四大資產類別合併後的績效進行比較，結果如表 21。

表 21　個別資產與綜合資產數據比較

類別	年均複合成長率	夏普比率	最大回檔
股票	13.7%	0.80	-23.8%
信用風險	6.8%	0.60	-10.0%
不動產	14.1%	0.75	-23.8%
避險商品	10.0%	0.47	-27.5%
綜合	11.6%	1.02 ✔	-9.5% ✔

期間：1985/01-2016/10／資料來源：Allocate Smartly／作者整理

　　可以發現股票和不動產類的年均複合成長率是裡面策略表現比較好的，分別是 13.7% 及 14.1%，這是可預期的。

前文提過，這兩種資產都屬於成長型的權益資產，所以集中持有這兩類資產的雙動能策略，報酬自然會比較好。

不過值得注意的是，在投資組合中加入信用風險及避險類資產的策略後，雖然投資組合的報酬因為分散更多資產而降低為 11.6%，但同時有關風險數據的最大回檔也降到最低的 -9.5%，然後夏普比率變為最高的 1.02，所以這種投資組合的變化和之前資產配置的概念很類似，因為分散多元的資產配置可以降低風險，讓獲利更穩定，尤其資產彼此間如果是低度相關，投資人可以藉由分散投資獲得接近「免費的午餐」的報酬。

只不過，這次是從過去傳統資產配置分散在各別不同的「資產類別」，進一步提升到分散在各別不同的「策略類別」。所以這種概念可以延伸到不同動能策略的組合上，比起持有單一類別的動能策略，投資人藉由配置在分散多元的動能策略，也能讓投資組合的風險降低，獲利更穩定。

布局多元資產、極大化分散風險的投資策略

那麼，我們要如何實際投資複合雙動能組合呢？我同樣列出一般投資人可以選擇投資或回測的標的（參表 22），但由於這個策略的絕對動能是轉換成現金，所以僅列出相對動

表 22　可選擇的投資／回測標的

資產類別	股票		不動產	
代號	VOO	VEU	VNQ	REM
追蹤指數	S&P 500 Index	FTSE All-World ex US Index	MSCI US Investable Market Real Estate 25/50 Index	FTSE NAREIT All Mortgage Capped Index
發行日期	2010.9.7	2007.3.2	2004.9.23	2007.5.1
費用率	0.03%	0.07%	0.12%	0.48%
規模（billion）	291.0B	35.1B	31.9B	0.54B
投資區域及類型	美國大型股	國際大型股	美國股權 REITs	美國抵押 REITs
其他 ETF	SPY、00646	EFA		
其他共同基金	VFINX	VGTSX	VGSIX	
資產類別	信用風險		避險資產	
代號	LQD	HYG	TLT	GLD
追蹤指數	iBoxx USD Liquid Investment Grade Index	iBoxx USD Liquid High Yield Index	ICE US Treasury 20+ Year Index	LBMA Gold Price PM
發行日期	2001.7.2	2007.4.4	2002.7.22	2004.11.18
費用率	0.14%	0.48%	0.15%	0.4%
規模（billion）	34.2B	13.9B	35.8B	61.2B
投資區域及類型	美國公司債	美國高收益債	美國長期公債	黃金
其他 ETF			VGLT、00697B	IAU、00635U
其他共同基金			VUSTX	

截至 2023.03／作者整理

能的標的。

　　同樣分四大類，有股票類的「Vanguard 標普 500 指數 ETF」（VOO）和「Vanguard FTSE 美國以外全世界 ETF」（VEU）、不動產類的「Vanguard 房地產 ETF」（Vanguard Real Estate ETF，代號 VNQ）和「iShares 不動產投資信託抵押貸款 ETF」（iShares Mortgage Real Estate ETF，代號 REM）、信用類的「iShares iBoxx 投資等級公司債券 ETF」（iShares iBoxx $ Investment Grade Corporate Bond ETF，代號 LQD）和「iShares iBoxx 非投資等級公司債券 ETF」（iShares iBoxx $ High Yield Corporate Bond ETF，代號 HYG），以及避險類的「iShares 20 年期以上美國公債 ETF」（TLT）和「SPDR 黃金 ETF」（SPDR Gold Shares，代號 GLD），並詳列它們所追蹤的指數、發行日期、費用率、規模、投資區域及類型等資料。

　　至於其他 ETF 及共同基金部分，考量到規模、成立時間、成交量等條件，只新增了追蹤美國 REITs 的共同基金「Vanguard Real Estate Index Investor」（VGSIX），以及追蹤黃金的「iShares 黃金信託 ETF」（iShares Gold Trust，代號 IAU）與「期元大 S&P 黃金」（00635U）。

　　以我的實際操作經驗來看，我認為這個策略的優點就是布局了多元資產，所以可以極大化地分散風險，降低波動。

觀察過去的長期歷史，投資組合的最大回檔都不超過 -11%，即使在股債齊跌的 2022 年，當傳統股六債四組合都曾出現 -20% 以上的回檔時，這個策略也只有 -10.9%，兩者差距將近一半，因此很適合保守型的投資者或退休族。

此外，藉由對各大類資產做定期地全方位觀察，就算你不是執行這個策略，也可以透過這些資產彼此間的比較，在不同的景氣階段找出相對強勢的資產，進而提高回報或降低風險。

比如 2021 年是大多頭的一年，雖然股市表現很好，美股標普 500 當年度就上漲了 28.5%，但如果有追蹤不動產 REITs 就可以發現，其實美股 REITs 表現得更好，VNQ 當年度上漲了 40.5%。假如你的投資視野只局限在股票類資產，可能就不會留意到這個情況，但若平常就有將不動產類資產納入觀察，便可注意到它的動能更強勢，並且有機會即時調整並納入投資組合。這也是相對動能概念的應用，在多頭時，要尋找比相對動能更強的標的，如此就能更進一步提高投資組合的回報。

這裡也補充一下，前面曾提到，REITs 過去的長期回報其實不會輸給股票，只是波動較大，加上不動產通常與股票市場週期有些差距，所以投資人如果將不動產和股票拿來作為雙動能組合，其實效果也不錯，而且經過回測發現，長期

績效甚至比美股和國際股票的組合更好。

　　而除了提高回報，當市場進入熊市、需要絕對動能防守時，也可以透過各大類資產的觀察，找到動能比較強的資產類別來避險，因為這個策略所追蹤的標的，已經包含幾個常見的避險資產，比如黃金、長期公債、公司債等，所以在遇到大型股災時，就能找到相對抗跌或動能較強的標的，發揮穩定投資組合的作用。

　　像是在 2022 年初爆發烏俄戰爭、通膨升溫、聯準會開啟急速升息，當時除了股市大跌之外，債券也無法倖免。但投資人若有追蹤黃金走勢，就可以注意到黃金的絕對動能依然為正報酬且逆勢上漲，後續便有機會適時調整，降低投資組合的波動。

　　不過這個策略依然還有可以優化調整的地方，比如在計算動能方面，它是使用傳統的十二個月報酬來判斷，如同前文分析過的，優點是交易次數少，缺點則是對市場變化的反應較慢，無法即時因應調整。

　　因此，若將計算動能的方式改成前面的「加速雙動能」（即近一、三、六個月回報的加權平均），對市場變化的反應就會更即時，我將這個調整後的策略稱之為「複合加速動能組合」。圖 38 是兩種策略回測的比較，可以發現後者的回報更高，波動更低，投資效益更好，獲利也更穩定，但這

樣的調整也代表交易次數跟著增加。

　　所以，不管是什麼樣的策略，其實都有優缺點，重點還是自己要能根據自身需要來做取捨。

圖38　複合雙動能組合與複合加速動能組合的回測比較

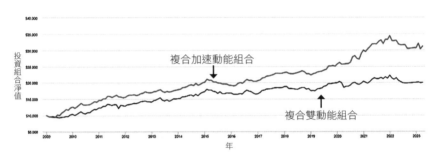

期間：2009.1-2023.3／資料來源：Portfolio Visualizer

跟著市場變化調整，更有機會勝出

　　第四章介紹了各種動能投資法，風格也都大不相同，有極簡高效的雙動能組合、靈活積極的加速雙動能組合、多元分散的複合雙動能組合、全方位避險的加速防禦動能組合等，各具特色，比如傳統雙動能組合的交易次數最少、最省時省力；加速雙動能組合的回報最高、反應更即時，但交易次數較多；複合雙動能組合則是資產最分散，波動和風險也

最小，但回報最低，交易次數也最多；加速防禦動能組合則是更能全方位的因應各種市場環境的變化。但不管哪一種，都屬於非常省時高效的投資方法，相信你一定可以從中找到符合自己需求的投資策略。

同時，你也可以在這些投資架構下舉一反三，靈活運用，就能設計出最適合自己的投資組合。

當然我也要提醒一下，這些過去的績效都只是參考，過去不等於未來，也沒人能預測未來市場環境會如何變化，但可以確定的是，金融市場唯一不變的就是「變」，如果我們的投資組合能隨著市場環境變化進行動態調整，相信就會更有機會能在未來多變的金融市場中勝出。

15

傳統與動態資產配置共舞：
如何同時結合兩者優勢

前面舉例了很多傳統與動態的資產配置方法，但在實際操作上，我並不鼓勵投資人僅採取單一策略作為投資組合，不管是單一的資產配置方式或單一的動能策略，因為每一種策略都有遇到市場逆風或表現不佳的時候，多元配置才能平滑投資人的收益曲線，而且就如同前面所說的，分散的投資可以為投資人帶來接近免費午餐的報酬，而且不管是傳統或動態資產配置，這兩種方法其實都各有優缺點，投資人如果懂得互相搭配，才可以同時結合兩者的優勢。至於如何結合，以下先分析兩者的優缺點。

- ### 傳統資產配置的優缺點
傳統資產配置的優點是執行頻率低，通常只需要每半年或一年重新再平衡，回到當初原本預設的資產配置比重即

可。每次再平衡調整的幅度通常不高，而且因為交易次數少，成本也會較低。

但缺點是無法依照市場變化或景氣狀況進行調整，而且通常會需要配置大比例的債券，才能有效對沖股市的風險。但也因此需要承擔較高的利率風險。一旦遇到市場總體經濟環境改變時，比如 2022 年美國聯準會的急速升息，債券就很難發揮避險的效果。

- **動態資產配置的優缺點**

相較於傳統資產配置，動態資產配置的優勢在於可以依照市場變化或景氣狀況做動態調整，藉由變更風險與避險資產的比重來降低系統性風險，或進一步提高回報。

但缺點就是執行頻率可能較高，通常每個月都要定期檢視或再平衡，每當有需要時就要轉換資產。所以交易次數可能較多，成本也相對較高。另外就是每次調整的幅度較大，因為需要轉換成不同的資產，這對投資人的心理素質要求較高，也需要有更高的「交易承受度」。

「交易承受度」是我自創的名詞，一般老師在談選擇投資或資產配置方法時，通常會提到要考量個人的「風險承受度」，但除此之外，我認為在實際執行時也要考慮個人的交易承受度。這部分的條件，如果已累積了相當投資經驗的朋

友應該就能體會，因為隨著你投資金額的增加，比如每次交易金額是 10 萬、100 萬、幾百萬或幾千萬元，所需要的心理素質就會不一樣。當你每次投資金額愈高，投資執行的難度就會愈大，也就會需要更高的交易承受度。

這就好像如果你是剛學習健身的新手，教練應該不會一開始就叫你去拿 50 公斤的啞鈴練習，一定都是先從輕磅啞鈴練起，習慣後才慢慢增加重量。

所以投資新手在開始執行時，也要先了解自己能負擔的「投資重量」是多少，從適合自己的資金開始，隨著時間和經驗的累積，慢慢提高自己的「交易承受度」，未來才能操作更大的資金。或者等到資金大到一定程度，在需要交易時就可以考慮用分批轉換部位，或使用期權等工具來調整現貨的曝險比重，以降低交易的難度。

表 23　傳統與動態資產配置比較

	傳統資產配置	動態資產配置
優點	• 執行頻率低 • 交易次數少，成本低 • 每次變動幅度小，執行較容易	• 能針對市場環境變化調整 • 不需長期承擔債券風險
缺點	• 不能針對市場環境變化調整 • 需長期承擔較高的債券風險	• 執行頻率較高 • 交易次數較多，成本較高 • 每次變動幅度大，執行難度較高

總而言之，在實際執行資產配置時，動態資產配置會比傳統資產配置的門檻更高。

核心＋衛星，兼顧傳統與動能的優勢

既然這兩種資產配置方法都有優缺點，那有沒有辦法可以結合兩者的優勢？

答案其實是有的，那就是把你的投資組合分成「核心部位」及「衛星部位」兩種。核心部位可能是最單純的傳統資產配置組合，平常不太需要花時間調整或管理，投資起來最輕鬆簡單，可以享有傳統投資組合的優勢。衛星部位則依據自己的投資目標、風險承受度及交易承受度等條件，配置適合的比重，如此可以降低整體投資組合的執行難度和交易成本，而且還具有動態資產配置的優勢，因為你的衛星部位仍然能夠依據市場或經濟狀況進行動態調整，並且進一步提高投資組合的回報或降低風險。

舉例來說，假設以伯格頭三基金（Bogleheads 3 Fund Portfolio）來當做核心投資組合，這是由三種資產所構成的傳統配置方式，分別是「美國全股票市場」、「國際全股票市場（美國以外）」和「美國總體債券市場」，各占 50%、30% 及 20% 的比重。

再來以「加速雙動能」當做衛星投資組合，前文提過，這種動能組合是以「標普 500」和「國際小型股」作為相對動能比較的對象，假如絕對動能小於 0 要退出市場，就轉換成以美國長期公債避險。

在圖 39 中，紅線就是核心組合，灰線是衛星組合，中間的黑線則是核心與衛星各半的投資組合。時間從 1998 至 2022 年，回測時間為 25 年。

圖 39　核心、衛星、核衛各半投資組合比較

投資組合	年均複合成長率	標準差	最好年度	最壞年度	最大回檔	夏普比率	索提諾比率
核心衛星組合	12.28%	11.96%	49.11%	-23.57%	-26.62%	0.88	1.43
核心組合	6.38%	12.78%	28.57%	-30.74%	-43.83%	0.41	0.58
衛星組合	17.68%	14.81%	77.49%	-29.87%	-33.37%	1.06	1.92

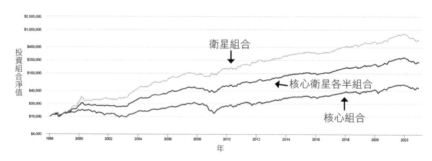

資料來源：Portfolio Visualizer

先來比較這三種投資組合的報酬。在這段期間，核心組合的年均複合成長率最低，僅 6.38%。但改配置五成的衛星部位後，年均複合成長率提升到 12.28%，至於全衛星組合的年均複合成長率最高，達到 17.68%。

接著比較風險數據。以標準差和最大回檔來看，原本核心組合的標準差為 12.78%，最大回檔為 -43.83%。但改配置五成的衛星組合後，就分別降為 11.96% 和 -26.62%。所以傳統投資組合加入動能投資組合後，確實能有效降低風險及提高回報。

最後比較夏普比率和索提諾比率，可以發現核心組合的投資效益最低，僅 0.41 與 0.58。然而加入五成的衛星組合後，就提升到 0.88 和 1.43。至於表現最好的投資組合，還是全衛星組合的 1.06 和 1.92。

所以，動能資產配置依然是其中最高效的投資組合，只不過如前面所提，兩種投資方式各有優劣勢，投資人可以依各自的條件或需求，選擇適合的投資比重，適度地將投資組合分散在傳統及動能資產配置組合上。

那麼，如果我們只想建立最高效的投資組合，又該如何進行配置呢？這種就是「最高效組合」的概念，也可以發揮動態資產配置的優勢。有關「最高效組合」的說明，第十七篇〈開啟人生財務規畫課：設定退休目標與投資組合〉會有

更詳細的介紹，這裡先簡單舉個例子，比如我以 60/40 最高效組合來舉例，這代表你的投資組合中有 60% 是風險資產，40% 是避險資產。其中 40% 的避險資產是選擇 100% 持有美國 1-3 月國庫債券，也就是說，投資組合中有 40% 的比例是使用無風險的短期定存當做避險資產。

至於風險資產，我們同樣選擇加速雙動能組合，代表投資組合中有 60% 是以加速雙動能組合當做風險資產。

從圖 40 可以看到，黑線就是核心及衛星組合，也就是代表 60/40 最高效組合，紅線就是傳統股六債四組合，兩者概念都是同樣維持 60% 的曝險部位和 40% 的避險部位。時間從 2008 至 2022 年，回測期間為 15 年，期間經歷大大小小股災的考驗，一樣包含金融海嘯的洗禮。

先來比較報酬，這段期間 60/40 最高效組合的年均複合成長率為 8.36%，高於傳統股六債四組合的 6.46%。

再來比較這些投資組合的風險數據。以標準差及最大回檔來看，原本傳統股六債四組合的標準差為 10.48%，最大回檔為 -31.02%，但改成 60/40 最高效組合後，就分別降為 8.50% 及 -19.73%。所以最高效組合的回報更高、風險更低，它的夏普比率和索提諾比率當然也明顯高於傳統的股債組合。

所以這種最高效組合的搭配方式，通常會是比傳統資產

圖 40　最高效組合與傳統股債組合比較

投資組合	年均複合成長率	標準差	最好年度	最壞年度	最大回檔	夏普比率	索提諾比率
60/40 最高效組合	8.36%	8.50%	18.73%	-17.36%	-19.73%	0.91	1.62
傳統股 6 債 4 組合	6.46%	10.48%	21.67%	-22.21%	-31.02%	0.59	0.85

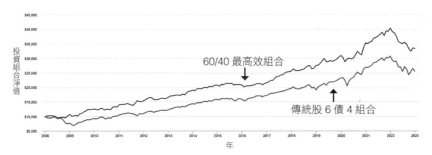

資料來源：Portfolio Visualizer

配置更好的方法，因為你不需要固定持有大比例的債券，不必承擔利率風險，還能降低投資組合的風險，甚至提高回報。

　　同時，持有一定比例的短期定存或現金，比如上述例子中維持占全部資金 40% 的比重，之後當你碰到股災時，資金不會像傳統投資組合一樣全套在股市裡，資金運用上更有

彈性，心情也會更加穩定、安心。

　　看到這裡，相信你已經可以依照自己的投資需求、風險承受度或交易承受度等條件，打造最適合的投資組合。我相信這種新的資產配置觀念，能讓你的投資組合更有彈性，未來也能更安心地面對市場波動。

第五章

善用動態資產配置，
打造自己的退休金

16

退休金靠自己：
新時代的退休規畫思維

　　前面所談的投資只是手段，重點還是最後能否幫助我們達到各種財務目標，享受更理想的生活。第五章會將重點放在如何活用前面所學，透過資產配置提早達到財務目標，這裡會以退休作為實例示範。

年金制度勢必改革，靠自己才有保障

　　財務規畫最重要的就是要先設定一個具體目標，這樣才有明確的方向與動力。所以第一步要先討論退休目標該如何設定，也就是退休金該如何設定與規畫。

　　或許有人會問，未來政府的各種退休年金是否能納入規畫？這部分可以討論的議題很多，簡單分享我的看法。

　　首先，我們國家的退休制度分為「確定提撥制」和「確

定給付制」，目前的年金制度大多是採取「確定給付制」（勞退新制、私校退撫除外），不過因為台灣人口持續老化、少子化，未來繳付的人愈來愈少，領取的人卻不斷增加，所以年金勢必無法永續經營，只會不斷縮水。

雖然這些財務缺口可以靠政府撥補預算來延長時間，但國家預算畢竟有限，長期來看，終究很難抵擋這個趨勢，未來遲早都會面臨改革，也就是對於政府的各種退休金，大家可能都要面臨「多繳、晚退、少領」的改革。因此，這張未來的退休支票勢必縮水，如果你離退休年齡還很遠，就不要抱有太樂觀的期待。

至於「確定提撥制」屬於個人專戶，沒有破產危機，領多少取決於最後的提撥金額和投資報酬率。然而問題在於，政府過去操盤的績效偏低，主要受限於法規及操作策略，假如這部分不進行改革，那麼未來能領到退休金額的預期也要降低。

因此，目前的退休制度都存在不少問題，而未來還有很多變數，除非你已經符合領取資格或者距離退休年齡不遠，不然我認為應該保守一點，不必將這部分納入未來規畫中，先靠自己準備，才是最有保障的一條路，這也是我的個人經驗談。

退休目標既要防守，也要進攻

那麼該如何設定目標呢？前面說過，投資最重要的目的有兩個，一是防守部分，要對抗通膨，維持現金的購買力；二是進攻部分，讓資產能穩健成長。

如果套用到退休目標，就是希望退休後能維持原本退休金的購買力，不會隨著通膨而縮水；另一方面，退休投資組合還能穩健成長，所產生的收入能夠提供日常生活花費所需（參圖41）。

舉例來說，假設你退休後擁有 1,500 萬元的投資組合，

圖 41　如何設定退休目標

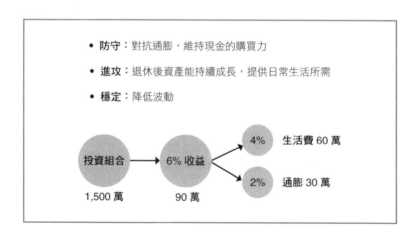

- **防守**：對抗通膨，維持現金的購買力
- **進攻**：退休後資產能持續成長，提供日常生活所需
- **穩定**：降低波動

投資組合　→　6% 收益　→　4%　生活費 60 萬
1,500 萬　　　90 萬　　　2%　通膨 30 萬

每年可以產生 6% 的收益，這樣就有 90 萬元的收入。假設每年通膨是 2%，其中 2% 的收益 30 萬元就能夠抵抗通膨，維持我們的購買力，剩下的 4% 收益 60 萬元則能支應日常生活所需，平均計算下來，相當於每個月有 5 萬元的被動收入，這樣就算是很不錯的退休組合。

當然，投資報酬是不穩定的，不會每年都是固定 6%，可能有時高、有時低，甚至可能面臨虧損，這時就要再加上一個穩定的要求，也就是降低投資波動，績效不能大起大落，獲利才會更穩定。所以第二章特別強調了風險管理的重要性，藉由觀察投資組合的標準差、最大回檔、滾動回報等數據，就可以幫助自己找到最適合的退休投資組合。

因應高通膨時代，傳統 4% 法則也要調整

至於退休的目標及提領比率該如何設定呢？ 1994 年，美國麻省理工學院退休財務顧問威廉‧班根（William Bengen）提出著名的「4% 法則」，指的是如果退休後持續做好投資規畫（例如股債各半），並且每年只提領其中的 4% 資金作為生活費，如此便可安心退休至少三十年，不必害怕花光老本。

這項根據來自班根研究美國 1926 至 1992 年間股票與

債券的表現，發現只要退休投資組合中有長期配置 50% 以上的股票，即使每年提領其中的 4%，而且隨通膨增加，也有高達 95% 的機率至少可以維持三十年。

因為 4% 是生活費，倒推回來，本金就是生活費的 25倍。因此如果退休時能存夠二十五年的生活費，就可以每年提領 4%，並且隨通膨做調整。比如你準備好 1,500 萬元的退休資產，並且進行適當的投資組合，以 4% 法則換算，等於你每年可以提領 60 萬元作為生活費，相當於每個月有 5萬元。

不過現代退休面臨最大的挑戰就是，過去的經驗能否複製？這就和之前講的傳統資產配置所面臨的風險一樣，過去四十多年來，我們身處在長期降息的大環境，也帶來多數資產價格的大幅上漲。但聯準會已經打破過去四十年來不斷降息的週期與趨勢，而且這種改變可能會持續一段時間，很難期待債券還能繳出和過去一樣穩定的報酬，同時股票等各項投資標的報酬率也會跟著降低。

另一方面，隨著通膨高漲，退休族面臨物價上升，被迫支出更多的生活費，甚至可能入不敷出，這些都是傳統 4%法則所面臨的挑戰。而班根也注意到這個現象，所以他後來重新研究，將美國 1968 年曾歷經停滯性通膨、股市低迷的最糟狀況納入模擬，並且推翻原先的說法，推出全新的

「4.5% 法則」。

乍聽之下或許覺得奇怪，為何新的法則反而讓每年的提領率從 4% 變成 4.5%？主要就是為了因應物價上漲而提高提領比例，並且可隨通膨調整，以保障退休族的生活水準。

但同時為了配合提領率的提高，班根改變了資產配置的做法。原本採取至少股債各半的規畫，並且是美國大型股與中期公債各五成的搭配，現在改成 30% 美國大型股、20% 美國小型股和 50% 美國中期公債的比重。

新的做法加入了預期回報較高的小型股，希望藉此提高投資組合的報酬。根據班根的研究，這樣的配置長期年化報酬約 7%，可支持 4.5% 的提領率。

傳統 4% 法則的優化

不過先鋒基金公司提出了不同的看法。因為無論是 4% 或者 4.5%，前面這些研究的前提最大的盲點，都是假設美國人在 60 歲屆齡退休後三十年內的狀況來回測。但隨著現代人的平均壽命增加，很多新世代的人更傾向於規畫提早退休，所以退休後預設時間長度可能要拉長到五十年才行，當退休提領的時間一拉長，就可能出現更多的意外與變數。

根據他們的研究顯示，4% 法則若維持在三十年內，成

功退休的機率有 82%；若拉長到五十年，就只剩下 36%。因此如果認為過去的回測可以套用到現代，那是太過樂觀的看法。

另外，當初的研究是假設投資報酬等於市場指數的回報，並未考慮到投資費用，但現實投資都是有成本的。根據統計，如果投資費用為 0.2%，成功機率會再降為 28.8%；如果費用為 1%，則成功機率會再降至 8.6%。還有，當初的投資範圍僅限美國國內資產，沒有更多元分散的投資組合，以及固定不具彈性的提領比例，這些問題都會導致最後成功退休的機率大幅降低。

有鑑於此，先鋒公司認為，以上這些退休法則需要更多的調整。根據他們的研究顯示，如果退休族採取以下這些策略做調整，比較能夠因應未來的退休挑戰。

首先，他們假設退休後的投資組合是股債各半，但提領年限則拉長到五十年，並分成四種不同的投資組合來比較（參表 24）。

A 投資組合是假設退休後的股票投資區域只有美股，投資費用為 1%、提領方式是固定比率，這樣的安全提領率只有 2.6%。

B 投資組合是假設股票投資區域加入國際股，在其他條件不變的情況下，提領率可以提高到 2.8%。

表 24 新時代的調整：分散布局＋動態提領

	A	B	C	D
股票投資區域	美股	美股＋國際股	美股＋國際股	美股＋國際股
投資費用	1%	1%	0.2%	0.2%
提領方式	固定比率	固定比率	固定比率	動態提領（-1.5 至 5%）
提領率	2.6%	2.8%	3.3%	4.0%

條件：股 50% 債 50%，提領 50 年／作者整理

　　C 投資組合是假設投資費用從 1% 降為 0.2%、其餘條件不變，提領率可再提高到 3.3%。

　　D 投資組合是假設提領方式不是固定比率，而是每年採取「動態提領」，這樣提領率可以提高到 4%。

　　所謂的「動態提領」是指每年提領比率是浮動的，花費有一個上下限，介於提領率 4% 的 -1.5% 至 5% 之間，並且依當年股市投資報酬狀況，作為明年花費的規畫。

　　舉例來說，假設小明原本每年提領生活費 60 萬元，因為他今年的投資報酬很好，高於原先設定的目標，那麼明年的花費就可以多一點，但也不能多於原本提領金額的 5% 上限，也就是 63 萬元。

　　但如果他今年的報酬不佳，甚至虧損，明年就該少花一

點，但也不要低於原本提領金額的 1.5% 下限，也就是 59 萬 1 千元。同時他應該投入更多錢到股市，因為這時通常代表市場基期較低，可以累積更多單位。

經過以上的調整，未來退休的提領率才能保持在 4%。經過統計，有高達 85% 以上的機率至少能維持五十年。

新時代退休規畫要有新思維

總結來說，現代人的退休規畫要有新的思維。但應該如何調整呢？

首先，隨著新時代的來臨，未來各種資產的預期報酬要跟著調降，尤其是債券，不能以過去的歷史來推算未來的表現。

其次，提領率只是一個概念，不管最後研究結果是多少，那都是從過去歷史數據得來的結論，未來可能有變數，所以退休後還是要保守估算。

當然，提領率愈低，未來退休成功的機率也就愈高。但如果預設過於保守，就會因此犧牲未來退休的生活品質或延長準備退休的時間。所以規畫退休時，還是要在風險與報酬中取得平衡。

至於傳統提領率 4% 是否可行，我認為還是有一定的參

考價值，但就像之前的研究報告結果，必須進行優化調整。比如使用低成本的 ETF 作為投資工具、採取動態的提領方式、降低投資費用，還要多元布局，包含國際股、小型股等，而這些多元布局的調整，其實也是第四章所強調的重點，比如投資組合要納入國際股或小型股的曝險等等，只不過我們還更進一步增加研究報告內容中所沒有的動態資產配置，因為資產配置的動態調整能對沖傳統投資組合的系統性風險，可以進一步提高回報、降低風險。如果你的投資組合有參考上述內容進行規畫或調整，相信就能再提高未來退休投資的安全性與穩定性。

17

開啟人生財務規畫課：
設定退休目標與投資組合

　　既然我們無法對年金制度有太多的樂觀期待，盡早開始理財變成當務之急。那麼我們該如何逐步規畫，透過資產配置提早達到財務目標？

　　圖42為財務規畫流程，適用於任何一種財務規畫目標，這裡就以退休規畫來說明。

圖42　以退休為目標的財務規畫流程

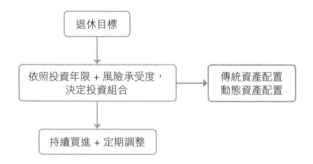

首要步驟就是先設定一個退休目標，接著依個人的投資年限和風險承受度等條件，決定配置何種投資組合。投資組合的方式主要有兩種，第一種是傳統的資產配置，即採取固定比例的配置方法，也就是投資前對於每一種資產會設立一種固定的比重，之後就按照該比重進行投資；第二種是動態資產配置，依照景氣循環或環境變化等狀況進行調整，使用上較有彈性。

　　最後一個步驟是持續買進，定期調整。如果是動態資產配置，就是每個月投資時，按照自己的投資組合應該配置的資產投入資金，有紀律地執行，並且長期堅持，這樣才有機會達到當初設定的目標。

退休目標首先評估所需年花費

　　我以修正的 4% 法則說明設定退休目標的步驟。

　　首先，必須評估個人退休所需要的年花費，這端視你所居住的區域、期望的生活水準等條件來決定，每個人的金額都不同。

　　接下來這個步驟很多人會忽略，那就是依照距離退休的時間，進行通膨的調整。過去一般常見的方法是直接將這個金額乘以 25，但這種算法是有問題的，因為沒有考慮到通

膨的調整。

比如你預計退休後一個月的生活費是 4 萬元，但因為錢會隨著時間而貶值，所以當你退休時，4 萬元的購買力已經縮水許多。若要維持購買力，則須再依照距離退休的時間進行通膨的調整。

那要如何調整呢？表 25 詳列了距離退休的時間及對應的通膨調整數字，預設通貨膨脹率是 2%，通膨調整的計算公式如下：

$$（1+ 通貨膨脹率）^{距離退休年數}$$

這算式的意義就是所需生活費的金額也會跟著通膨數字每年成長，距離退休 N 年則為 N 次方。比如預設退休後每月生活費是 4 萬元，距離退休還有 30 年，算出通膨調整數字為 1.8，因此計算月花費時就要乘上 1.8，也就是 7.2 萬元，這表示你 30 年後月領 7.2 萬元，可以維持目前 4 萬元的購買力。

算出來之後，最後的退休目標就是退休後要有市值相當於年花費 25 倍的資產。

舉例來說，小明 30 歲，他希望退休後一個月有 4 萬元收入，也就是年花費為 48 萬元（40,000 元 ×12 個月）。那

表 25　設定退休目標：修正的 4% 法則

評估個人退休所需**年花費**

⬇

依照距離退休時間，進行**通膨**的調整

⬇

退休後有市值年花費 **25** 倍的資產

離退休時間（年）	通膨調整
35	2
30	1.8
25	1.64
20	1.48
15	1.34
10	1.22
5	1.10

他 60 歲退休時，需要擁有多少資產？計算方式如下：

48 萬元 × 通膨調整 1.8×25 倍＝ 2,160 萬元

透過上述的簡單計算，你也可以根據個人條件與期望需求，算出需要的退休數字。

動態資產配置能帶來最好的投資效益

算出了所需的退休金後，接下來就要選擇投資組合，以

達成這個目標。過去你可能只知道使用傳統的資產配置，但現在你可以搭配使用更高效的動態資產配置，投資效益也會更好。

　　為什麼這麼說？以下比較第四章介紹過的動態資產配置組合與傳統的股債組合。

　　比如我們可以用「加速防禦動能組合」和傳統「80/20股債組合」及「100% 股票組合」相比，從表 26 的各項數據看到，加速防禦動能不僅報酬更好，而且風險更小（最壞年度、最大回檔），夏普比率和索提諾比率也遠勝其他兩個投資組合，代表投資一樣的金額，在承擔相同的風險下，你

表 26　加速防禦動能投資組合與傳統股債組合比較

項目	總報酬	年均複合成長率	標準差	最壞年度	最大回檔	夏普比率	索提諾比率
加速防禦動能組合	5,664.8%	17.42%	14.26%	-17.31%	-23.93%	1.08	1.98
100% 股票組合	559.4%	7.76%	15.66%	-37.02%	-50.97%	0.44	0.63
80/20 股債組合	489.0%	7.27%	12.47%	-28.61%	-41.29%	0.48	0.69
60/40 股債組合	406.2%	6.63%	9.44%	-20.19%	-30.78%	0.53	0.78

期間：1998.1-2023.3／「股」表標普 500 指數，「債」表美國總體債
資料來源：Portfolio Visualizer／作者整理

投資動態配置組合的回報更高。

至於「80/20 股債組合」與「100% 股票」相比，雖然多配置了兩成的債券，但衡量風險的數據僅略為降低，夏普比率和索提諾比率也沒有明顯提升。這是因為股票的波動遠比債券高，所以只有當投資組合的債券比重拉高時，在對沖市場系統性風險才會有比較明顯的效果。

不過即使將債券比重提高到投資組合的四成，對於風險管理有了較明顯的效果，但夏普比率和索提諾比率也只略為提升至 0.53 及 0.78，仍遠低於動態配置組合。

所以若要從中選擇投資組合，在相同的條件下，動態資產配置才能為投資組合帶來最好的投資效益。

比傳統股債配置更好的最高效組合

這樣的結果如何應用在人生的投資規畫呢？前面說過，傳統資產配置對於人生不同階段的配置，通常以年齡作為股債的配置比重。比如你 30 歲，那就是 80%（110–30×100%）作為股票的配置比例，剩下 20% 則配置債券。

但動態配置則帶給你完全不同的觀念，因為股債分配的比例不能只用年齡來決定，這種做法的投資效益也不高。更好的方式應該是用投資效益來評估，也就是這個投資組合經

過風險調整的表現，簡單來說，就是應該選擇高 C/P 值的投資組合。因為如果這種投資方式相較於其他投資組合的表現更好，實在沒理由只因為單純年齡的變化而選擇投資 C/P 值較低的組合，這種觀念和做法我稱之為「最高效組合」。

或許你會感到疑惑，隨著年齡變大，風險承受度跟著下降怎麼辦？其實這時候的重點只在於投資組合曝險部位的大小，我們只需要降低投資組合的曝險部位，並且提高現金或定存的比重，就可以不用犧牲投資組合的高效表現，同時又能降低投資的風險與波動。

比如圖 43 就可以看到最高效組合與定存的配置，紅色代表最高效組合，黑色代表現金或定存。隨著年齡只會降低最高效組合的比重，但不會轉為持有比較低效的投資組合。

圖 43　不同階段，調整最高效組合的比重

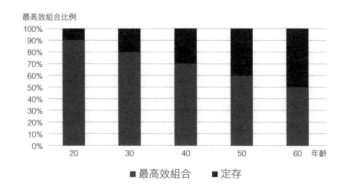

比如年輕人 20 歲時的風險承受度較高，投資組合就可
以搭配九成的最高效組合，剩下一成為現金或定存。到了
40 歲，如果希望降低風險和波動，就可以調降最高效組合
的比例到七成，然後把現金或定存的比例提高到三成。 假
如 60 歲要退休，則可以做五五的配置，即最高效投資組合
和現金或定存各占一半。

我以表 27 的數據來說明這種配置方式的實際結果。表
中是最高效組合不同比例的各項數據表現，代表你在人生不
同階段都是持有最高效的投資組合。配置範例是「加速防禦
動能組合」與「現金」的搭配。

表 27　動態資產配置使各階段都適用最高效組合

投資組合	年均複合成長率	標準差	最大回檔	夏普比率	索提諾比率
100% 最高效組合	17.42%	14.26%	-23.93%	1.08	1.98
90/10 最高效組合	15.96%	12.91%	-21.47%	1.08	1.98
80/20 最高效組合	14.49%	11.56%	-18.94%	1.08	1.98
70/30 最高效組合	12.99%	10.18%	-16.33%	1.08	1.98
60/40 最高效組合	11.47%	8.80%	-13.66%	1.08	1.98
50/50 最高效組合	9.93%	7.39%	-11.03%	1.08	1.98
股 6 債 4 組合	6.60%	9.86%	-32.57%	0.51	0.74
100% 股票組合	7.76%	15.66%	-50.97%	0.44	0.63

期間：1998.1-2023.3／作者整理

第一個是「100%最高效組合」，接著依序降低比重，從90%一路降到50%，並且同時提高現金的比重。最後列出「60/40股債組合」與「100%標普500」做比較。時間回測至1998年1月，這段期間經歷過科技泡沫、金融海嘯等各種大型股災的考驗，也經歷過長期降息與去年暴力升息等大環境的變化，非常具有參考價值。

　　首先比較報酬。可以發現裡面年均複合成長率最高的就是「100%最高效組合」的17.42%。接下來隨著曝險部位比重的降低以及現金部位的拉高，投資組合的年均複合成長率也跟著下降，但同時標準差和最大回檔也同步下降。到了「50/50的最高效組合」，它的標準差只有7.39%，最大回檔僅-11.03%，是風險最小的，也遠低於傳統保守的股六債四組合。

　　最重要的是，這些最高效投資組合的夏普比率都是1.08，索提諾比率都是1.98，可以發現現金部位比重的調整，並未對這些數據造成影響，這些投資組合不管是採取何種比例的分配，依然都能維持最高的投資效益。

　　反觀「100%標普500」的夏普比率和索提諾比率，則是所有投資組合中最低的，因為回報僅7.76%。但標準差和最大回檔的數據都是最大，投資效益也最差。

　　至於傳統的股六債四組合，因為配置大比例的債券，所

以波動明顯降低，但最大回檔仍有 -32.57%，夏普比率和索提諾比率相較於「100% 標普 500」雖然略為提升，但仍遠低於各階段最高效組合的表現。

所以我們可以得到結論，投資人只需要降低曝險部位的比重，就可以達到降低風險與波動的效果。但不管你處在人生哪個階段，我們依然都可以擁有投資效益最高的組合，讓投資每一塊錢的效益發揮到最高，而不必去犧牲投資組合的績效，這是一種比傳統組合更好的資產配置策略，因為你從此不再需要固定持有大比例債券、去承擔利率風險，也能降低投資組合的風險與波動。同時你的避險部位是轉為持有一定比例的現金，也能讓你的資金運用更有彈性，在面對市場波動時，心情也更穩定。

比如當你準備退休時，擁有「50/50 的最高效組合」，你的投資效益不僅比傳統的股六債四組合更好，而且風險更低、回報更高（參表 27）。尤其碰到市場大跌時，手上還有 50% 部位的現金或定存，在資金運用上更靈活，不管是準備逢低布局或做其他利用，都能有更多選擇。

但傳統投資組合因為是 100% 的全額投入，只能被動承受市場下跌。同時過去的股災也證明，即使配置大比例的債券，也不一定能發揮防禦效果。相較之下，我相信新的配置觀念能讓投資更有彈性，也能更安心地面對市場波動。

18

實踐人生財務規畫課：
用複利提早達標

前面我們看到了「最高效組合」的優勢，接下來我會帶你活用內容，開始規畫自己的退休投資組合，並且當投資過程遇到變數時，知道該如何適時調整。

這裡先整理退休投資組合加入動態資產配置的優勢：

一、防守部分可承擔更低的風險，進攻部分則能獲得更高的回報。

二、獲利的穩定性更好。因為動態資產配置滾動回報的表現都優於傳統的投資組合，而穩定性是退休投資非常重要的部分，如此獲利才不會大起大落。

三、省時高效。

透過動態資產配置，你不需要每天看盤或研究個股、總

體經濟等，只要每個月定期調整，就能享有以上這些優勢，穩健地提早達到退休目標，剩下的時間就用來陪伴家人，享受更悠閒的人生。

比如前面舉例的小明 30 歲，希望 60 歲前存到退休金，目標是 2,160 萬元。目前已有 100 萬元可以投資，每個月還定期定額投入 1 萬元。假如他選擇的投資策略是比較保守的「60/40 股債組合」，參考前面最高效組合的統計，過去二十五年間，這個投資組合的年均複合成長率約 6.6%，這樣他需要約 32.1 年才能達到他的目標，比當初預計存到退休金的時間晚了 2.1 年。

但如果是用同樣的曝險比例，改成「60/40 的最高效組合」，同樣參考最高效組合的統計，過去這段期間的年均複合成長率就提高為 11.47%，只需要 21 年，提早 9 年就可以達到目標。

如果他的風險承受度更高，採取的是「80/20 的最高效組合」，他的年均複合成長率就再提高為 14.49%，時間縮短為 17.4 年，提早 12.6 年就可以達到目標。

因此，採取不同的投資策略，就會對小明的退休規畫產生很大的差別。 選擇最高效組合的小明，有機會提早 10 年以上達到他的退休目標，投資過程也更穩健，而這就是動態資產配置的優勢。

愈早開始投資，難度愈低

訂好退休目標並決定好投資組合後，接下來就要實際執行，也就是算出每個月需要投資的金額，並且定期投入及調整。只要具備這些數字，你就擁有一個具體且清晰的退休金規畫。

同樣以 30 歲的小明為例，假設投資期限為 30 年，希望 60 歲退休，年均複合成長率為 12%，那麼他每個月需要投入多少資金進行投資呢？答案是：每個月需要投入 6,119 元。這個數字對一般人來說不是太困難，所以要存到退休金的門檻其實沒有想像中的高，重點是要提早開始規畫，並且持續投入。

為什麼說要提早開始？來看看下面的例子。假設小明 40 歲時才決定開始投資，同樣希望 60 歲退休，目標金額也相同，而且本金多了 100 萬，但投資期限只剩 20 年。由於他的風險承受度隨著年紀而變低了，年均複合成長率降為 10%，於是他每個月需要投入的金額提高為 18,639 元，是之前數字的 3 倍以上。所以，晚十年才開始存退休金的差距是非常大的。

不過，這還是一般上班族有機會追上的金額，我們再假設另一種情況，小明到了 50 歲才開始想要投資，退休年紀

和目標金額也相同，而且他的本金變成 300 萬元，但因為投資期限只剩 10 年，而且年齡已屆 50 歲，投資變得更保守，年均複合成長率再降到 8%，這時他每個月需要投入多少資金？答案變成 81,128 元。這個金額已經超出一般上班族所能負擔的範圍，主要原因就是太晚才開始存退休金。

如果不想每個月負擔這麼重，勢必得做出幾種調整：

一、**增加本金**。如果增加投資本金到 500 萬元，他可以將每個月投入需要的資金降為 57,024 元。

二、**提高風險承受度**。如果他的本金不變，但投資策略改為更積極，就能提高年均複合成長率到 12%，也可以降為 50,352 元。

三、**延長退休年紀**。如果本金和投資策略都不變，但將目標延長到 65 歲才退休，則投資年限可以增加到 15 年，那麼每個月需要的資金可以降為 33,528 元。這個金額比前面的 8 萬多元負擔要輕多了。

從以上幾個例子可以看到，影響複利的關鍵因素就是「起始本金」、「投資期限」、「期間投入資金多寡」、「投資報酬」等。前三項對投資人來說相對容易掌握，也是確定性較高的因素。所以規畫退休金一定要及早開始，發揮複利

的力量，才能降低達成目標的難度，提高最後成功的機率。

因此可以歸納成幾個重點：首先一定要有一個退休目標，然後依照你的各項投資條件及風險承受度決定投資組合，之後就是持續買進與定期調整。上述相關試算，可透過「Calculator.net」網站取得（請參頁面下方 QRCode），你可以把自己設定的相關條件輸入，就能開始規畫未來的投資策略及所需的金額。

定期評估進度，適時調整應變方式

進行到這裡只是前半段，後半段就是要定期評估進度，直到達成目標。但如果執行期間發現無法達成時，就要進行調整。比如提高自己的風險承受度，就有機會增加回報；不然就是增加投入的資金，或是延長投資年限。

當然，在實際執行的過程中會碰到很多市場的考驗，這個就是對你進行的壓力測試，如果能夠通過就持續執行，直到達成目標。但如果窒礙難行就要開始做調整。比如降低風險部位，因為這已經超出自己的風險承受度；或者減少投入的資金、降低曝險部位，又或者拉長投資年限，如此一來也能減輕投資的壓力。

這就是一個完整的退休規畫步驟，如果按照這個流程長

退休目標試算

期執行，相信就可以順利抵達到你的退休目標，詳細規畫流程請參圖 44。

圖 44　完整的退休規畫流程

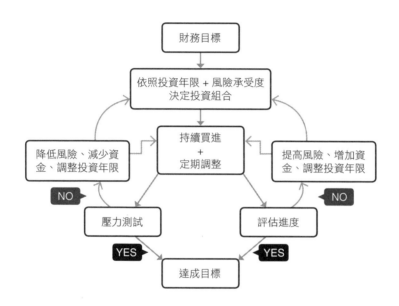

總結來說，本書分享的財務規畫屬於目標導向的規畫方式，決定好目標之後，才能評估最符合自己需求的投資方法。所以，第一步就是先設定自己的退休目標，這樣才有明確的方向與動力。

再來就是選擇投資組合，本書把重點放在動態資產配置，因為相較於傳統投資組合，加入動態配置能為你的投資組合帶來更多的優勢。

　　最後就是依照個人條件計算每個月所需的資金，並且定期投入，以及做動態的調整。

　　如果你確實按照這個流程好好地規畫及執行，相信就很有機會完成當初設定的計畫，甚至有機會提早達到目標。

投資成功的關鍵：
心、法、錢的實踐之路

看到這裡，相信你對於未來如何做好資產配置及如何靈活運用、提早達到目標已經有了更深一層認識，但其實還有一個很關鍵的問題要了解：投資成功的關鍵要素是什麼？

每個人都該先學會管理風險

還記得為什麼多數人會投資失敗嗎？因為多數人以為長期投資是一個很平緩的上坡，可以輕鬆走到目的。但真實的長期投資是要經歷各種挑戰與挫折，必須克服萬難後才能抵達終點。投資會失敗，就是因為不懂得管理風險，以至於無法走完全程。

本書一開始就強調，投資最大的課題就是要先學會管理風險。投資一定要先看風險，再談獲利。然後只要管理好風

險，獲利自然隨之而來。總結來說，本書就是分享一個以財務目標為導向，然後在投資過程中以風險管理為主軸的投資策略。

那麼我們又該如何管理各種投資風險呢？前面已經說明過如何處理各種風險，比如在非系統性風險部分，使用大範圍、原型的 ETF 作為投資工具，藉由 ETF 分散投資及對於持股汰弱留強的能力，幫助我們的投資組合對於成分股進行動態調整，降低選錯標的的風險。

至於系統性風險部分，則是透過傳統或動態的資產配置方式，降低投資組合的波動，達成個人風險與報酬的平衡。而本書主要把重點放在動態資產配置，並且特別介紹動能投資策略的應用，因為相較於傳統資產配置，這種方法能更有效地管理風險，並且進一步提高報酬。

尤其過去經歷了聯準會的暴力升息，打破過去長期降息的週期與趨勢，就連霍華‧馬克斯也說，他可能正在經歷五十多年投資生涯中的第三次真正巨變，投資人更應該調整觀念及做法，以因應市場環境的變化。而動態資產配置就是有效的解方，可以進一步降低系統性風險。

最後的行為風險部分，這是非常重要、但很多投資人都會忽略的課題。

前面提過，動能策略之所以能夠出現超額報酬，就是因

為人是非理性的，會不時出現行為偏差的情形。市場環境會變，但人性永遠不會變，這也是為何我認為這種策略長期有效的原因。

但同樣的行為偏差，其實也有可能發生在自己身上。動能策略所帶來的超額報酬，換個角度看，也是源自於投資人在交易時所承擔的行為風險。因此在運用這些投資策略時，更要學會管理好自己的行為風險。

降低發生行為風險的行為投資法

根據我長期研究及實戰的心得，整理了一個以規則及實證為基礎的「行為投資法」，我認為投資人只要能做到以下六點，相信就可以最大化地降低行為風險的發生機率。

一、要以「客觀數據」衡量主觀情緒

例如對風險承受度的判斷。過去你對這部分或許只有模糊的概念，但看完本書後，你已經懂得如何使用最大回檔及標準差等數據，對於風險做更客觀及精準的描述。

對於投資獲利的穩定性或績效好壞，你也懂得使用滾動回報或夏普比率、索提諾比率等客觀指標，來做更進一步的

觀察。

這就像前面舉過的例子，唯有先知道自己的身材是什麼尺寸，才有辦法找到合身的衣服。但若只會用多大多小這種抽象數字來描述，那就很難找到適合自己身材的尺寸。

所以投資時要盡量保持客觀，並且學習用量化數據判斷，這樣當你未來在面對各種風險或波動時，才能避免受到主觀情緒的影響，進行更理性的分析。

二、以量化驗證為基礎的投資策略

過去你所學習的投資方式或者自己所發展的策略，背後可能缺少扎實的理論基礎，或是沒有經過長期的檢驗及回測，如此很難建立足夠的投資信念或定見，一旦碰到市場大跌或波動，就很容易放棄而無法堅持到底。

在本書中，每個策略都會帶你深入理解背後的理論基礎及原則，以便未來面對市場變化時能夠因應及調整。同時每個策略都會進行非常長期的回測，至少經歷過 2008 年金融海嘯等大型股災的考驗，以及利率週期變化的總體經濟環境，這樣你才能對這些策略有足夠的信心，未來面對市場波動時也能夠克服人性弱點，有紀律地執行。

因此在回測自己的投資策略時，我建議要盡量拉長時間觀察，至少要經歷近代各種大型股災的考驗。因為如果自己

的投資策略能通過這些檢驗，才會更有信心面對未來市場環境的挑戰。

當然未來市場會如何變化很難說，就像很多人常說，投資不要看後照鏡開車，但換個角度，如果沒有後照鏡的車，相信應該沒人敢開。而且股市裡是沒有水晶球的，所有的投資策略只能檢驗過去的表現。

因此，沒人能預測未來市場的變化，我們能做的只是提前準備，做好資產配置，並且盡量去做回測驗證，幫助我們用更理性的方式投資，避免出現各種行為的偏差。

三、投資系統化，以明確的規則取代主觀預測及操作

人是非理性的，容易受到情緒影響而做出錯誤決定。但是當你依據前面這麼多研究及長期實證後所做的投資策略，絕對比你在面臨市場壓力下所做的決策品質還要好。

至於投資所需要決定的各種要素，比如該買什麼標的？買多少？持有多久？何時該賣？閱讀本書後，你的投資系統應該早已有了完整的解答，你只需要按照原定計畫投資，並且有紀律地執行，長期下來就能獲得應有的回報。

四、盡量自動化管理，避免行為偏誤

因為人是不理性的，即使再完美的策略，最後也可能敗

在人性。所以要盡量自動化管理，才能最大幅度地降低行為風險。

關於這部分，我在第一章舉過台積電（2330）和宏達電（2498）過去占「元大台灣50」（0050）比重的例子，當散戶同時持有這兩家公司的股票時，往往因為人性的行為偏差，而出現汰強留弱的情況。然而因為「元大台灣50」的指數編制方式會定期地汰弱留強，自動就能做好投資管理組合。

又比如談傳統資產配置時，列舉的「iShares 核心積極配置 ETF」（AOA）、「iShares 核心成長配置 ETF」（AOR）也是屬於這種自動化的管理，因為它們可以定期幫你自動再平衡，不必自己另外操作。

只不過在資產配置的動態調整上，目前市面上還缺少這種能針對資產動態管理的投資商品，因此這部分我們還是需要自己主動管理。但相較於其他主動投資個股或操作的方式，這些策略已經極大化地降低了行為風險的出現。

五、學習減法投資，少即是多

既然我們已經有了完整投資系統可以做出決策，而且已經盡量自動化管理，那就不要被太多無謂的雜訊所影響。這可以分兩部分來講。在市場資訊部分，如果你投資久了可以

發現，市場或媒體所產生 95% 以上的資訊都不具參考價值，對於未來也沒有預測能力；在實務操作部分，投資不必天天看，更不用天天操作，因為如果投資太貼近市場或操作太頻繁，反而容易受到市場情緒影響，造成錯誤判斷，降低了報酬。不看盤，往往獲利才會更好。以本書所舉的幾個投資組合或策略為例，雖然常常好幾個月才調整一次，交易頻率也低，但拉長時間看，績效反而更好。

另外，選擇投資標的也要學習減法投資。投資不是愈複雜愈好，相反的，太複雜反而提高管理難度，增加行為風險。所以本書所舉的幾個投資組合或策略，很多都只使用二到三個投資標的，雖然數量很少，但長期下來績效反而更好，獲利也會更穩定。

我早期的投資方法也很複雜，從選股、基本面、技術面、籌碼面，幾乎什麼都看，而且使用的工具很多，例如特別股、交易所交易債券（Exchange-Traded Debt, ETD）、公司債、封閉式基金等，但隨著時間和經驗累積，我已經懂得以簡馭繁，學會用簡單的投資工具和策略就能達到投資目標。因為我後來體會到，投資愈簡單，才能愈持久，也更容易堅持下去。如果同樣能達到投資目標，甚至效果更好，何必浪費時間做無謂的預測或操作呢？把時間省下來投資自己、專注本業、享受生活，才是更有意義的做法。

六、設定行為防火牆，用不同投資帳戶區分投資策略

我知道很多人投資時還是習慣主動操作，也很難期待大家投資都要跟機器人一樣按表操課，這樣子投資難免會失去樂趣。

所以我最後一個建議是可以設定行為防火牆，用不同的投資帳戶來區分投資策略，在投資心理上也比較容易取得平衡。比如你的主動操作可以集中在另一個帳戶來處理，因為主動操作的行為風險或不確定性更高，即使投資失敗了，因為有不同帳戶做區隔，可以將損失控制在一定的範圍內。如果成功了，也可以做更長時間的觀察，用客觀數據來衡量不同帳戶的績效表現，長期投資下來，更能了解自己到底適合哪一種投資方式。

實踐「3M 原則」，才能成為成功的投資人

最後回到主題：投資成功的關鍵要素是什麼？我以圖45 來說明（這張圖在《沒有 18% 我靠股票打造自己的鐵飯碗》中也強調過），其實投資最後成功的關鍵都一樣，取決於「心」（Mind）、「法」（Method）、「錢」（Money）三個要素，也就是「交易心理」、「分析方法」以及「資金管理」，我稱之為「3M 原則」。想要投資更成功，必須培養

良好的投資紀律（心），找到優於市場的投資策略（法），以及管理帳戶資金承受風險的能力（錢），然後同時取得這三者的交集，才能成為成功的投資人。

圖 45　投資成功的 3M 原則

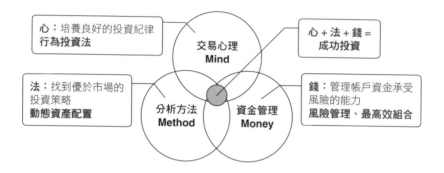

有關投資策略，本書所強調的重點就是「動態資產配置」及「動能策略」，因為從過去長期各種回測及客觀數據的比較，都可以看出它的風險更低、投資效益更好，也更優於傳統的資產配置。

而資金管理就是「做好風險管理」，降低投資組合的風險，透過本書最高效組合的新觀念，可以讓你資金的運用上更具彈性，也能更安心地面對未來市場的波動。

交易心理是我認為最重要的關鍵，因為投資的成敗最後

大都取決於個人能否克服人性、有紀律地投資。所以我提出以規則及實證為基礎的「行為投資法」，完成這 3M 原則的最後一塊拼圖，相信做好以上三點，每個人應該都能成為成功的投資者。

最後，祝福各位讀者都能活用本書內容，找到最適合自己的投資方式，打造一輩子的現金流，提早達到財務目標。在未來的投資道路上，我們一起努力，祝福大家！

投資管道大比拚：
找到最適自己的平台

　　前面提到的很多資產配置策略都會涉及海外投資，或者需要選擇美股 ETF 作為標的，但一般投資人該如何購買這些資產呢？接下來會介紹各種海外投資管道，並且透過我的實務操作經驗，分析比較彼此間的差異及優缺點，幫助你選擇最適合自己的方式。

投資管道種類與交易方式

　　一般可以進行的投資管道主要有三種，包括「國內交易」、「國外交易」和「複委託」（參圖 46）。

　　一、國內交易：我們用實例說明，如果投資人想要投資標普 500 指數，他可以購買追蹤這個指數的 ETF，最簡單

的管道就是國內交易，也就是在國內券商下單，然後在證交所買進這類型 ETF。比如元大投信發行的「元大標普 500」（00646），就是追蹤標普 500 指數的 ETF。

二、**國外交易：**你也可以開立一個美國券商帳戶，透過該券商下單，就可以在國外的交易所買進國外 ETF，比如美股的「Vanguard 標普 500 指數 ETF」（VOO），這檔 ETF 也是追蹤標普 500 指數。

三、**複委託：**這是一種介於中間的方式。複委託的正式名稱是「受託買賣國外有價證券業務」，即投資人先委託國內券商下單，然後國內券商再委託國外券商協助下單，之後才在國外交易所買進國外的標的。因為這個過程會經過兩次委託下單的行為，所以叫做複委託。

圖 46　常用三種投資管道

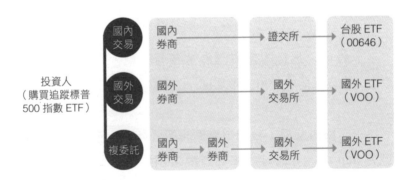

透過上述三種管道，投資人都能買到追蹤標普 500 指數的 ETF。不過有個觀念要強調一下，很多人會誤以為買進台股的海外 ETF 如「元大標普 500」因為是以台幣計價，並不會受到美元匯率變化的影響，但其實這是一種誤解，只要該 ETF 所持有的成分股是國外資產，就一定會受到匯率波動的影響，與該檔 ETF 是用台幣或外幣計價無關。所以無論選擇哪種管道投資，ETF 的計價方式不應該是主要考慮的因素。

那麼我們應該考慮哪些因素呢？前面提過，重點是要比較它們的歷史、規模、費用率、成交量及追蹤誤差等，並且優先挑選歷史悠久、規模大、費用低、成交量大及追蹤誤差小的 ETF。而從這幾點來觀察，書中所列的美股 ETF 條件通常都比國內的 ETF 還要好，所以如果要投資，多數情況下我會建議以美股 ETF 為主。

認識三種投資管道的優缺點

接著針對這三種不同的投資管道做進一步分析和比較。

一、開戶方式

目前許多國內券商都有複委託的業務，若想採用複委託

投資，必須再開立一個複委託帳戶，這可以透過實體或線上進行開戶。從這點來看，國內券商的開戶方式會比較多元，投資人可以選擇自己習慣的方式辦理，而且如果本來就已經有台股證券帳戶，再加開複委託帳戶也很方便。

至於美國券商則一律透過網路開戶，不過現在很多券商都有中文介面，開戶程序很快，網路上也有很多免費的教學示範，只要按步驟操作，短時間內也可以順利完成開戶。

二、金流方式

透過國內券商下單，都是要用該券商配合的銀行帳戶進行交割，而複委託通常還分成新台幣和外幣帳戶，當你透過複委託下單國外標的時，可以自行選擇要用新台幣還是外幣帳戶來交割。然而欲透過美國券商下單，則必須先準備一筆資金換成美元，然後匯到國外券商的帳戶。

就這一點來看，使用國內券商會比較方便，因為是直接使用國內銀行帳戶進行交割，日後碰到海外商品配息時，款項也會直接匯到國內帳戶。至於美國券商則需要進行國際匯款，必須多負擔這方面的金流成本。

三、手續費

如果是透過國內券商買國內的 ETF，手續費比照台股的

手續費，也就是買賣各 0.1425%。但各券商通常都有不同的手續費優惠方案，若是透過網路下單，六折是很常見的折扣。而賣出時除了手續費之外，還需要繳付證交稅，一般個股是 0.3%，ETF 較低，是 0.1%。

複委託的手續費就比較高，通常以單筆計價，而且一般會有最低消費金額的限制。目前網路上的公告牌價收費比較高，但其實很多都有另外的優惠方案，一般散戶如果多比較或有做功課，要拿到更優惠的條件並不難。至於美國券商，因為國外競爭很激烈，目前很多家券商的交易都已經免手續費。因此選擇美國券商會更有優勢，只是成本部分需要多負擔國際匯費。

不過，近年來有些國內券商也推出十分優惠的複委託方案，比如推出單筆買賣美股 ETF 手續費只要 3 美元、而且不限投資金額的活動。如果這類優惠方案能夠一直持續下去，國內複委託這部分也是滿有競爭力，因為如果一年的交易次數很少，或甚至長期投資幾乎不交易，那麼長期下來的手續費很可能比國際匯費還便宜，最後成本也會比使用美國券商還低。

四、交易產品種類

目前國內交易和複委託能夠選擇的標的還是比較有限，

美國券商的產品就非常齊全，只要完成開戶，個股、ETF、封閉型基金（Closed end Funds, CEF）、公司債、選擇權、期貨等都可以交易，幾乎你想投資的種類都有，所以在這一點上，選擇美國券商更有優勢。

五、交易靈活度

在交易靈活度方面，複委託的限制比較多，例如禁止融資融券、缺少條件單，或者雖然有條件單，但功能比較陽春等。反觀美國券商提供的交易方式則比較靈活，例如有信用交易、融資券、借券等，條件單的類型也很豐富。所以這部分也是美國券商交易更為方便。

六、股息再投入

美國券商通常可以設定股息自動再投入功能，這功能對於投資很方便，因為長期可以發揮複利效果。但國內券商就沒有這種功能。

七、定期投資

雖然國內券商沒有股息再投入功能，還是有一些其他優勢，比如若想定期投資美股，很多國內券商都提供了這項功能，包含定期定額或定期定股等，如此一來就能很方便地定

期投入資金，投資會更有紀律。至於美國券商則多數都要手動投入（僅少數券商如盈透證券有提供定期投入功能），所以這部分反而是複委託較方便。

八、退稅

投資美股在配息時通常會預扣 30% 的稅，但有些情況是不需要課稅的，比如債券的利息收入、非美國來源的收入、來自資本利得的配息等，這部分很多美國券商都會自動退稅，比較方便，甚至有些投資人還會另外申請退稅。

但如果是透過複委託，且該券商擁有「QI」（Qualified Intermediary）資格，也就是符合資格的中介商，同時會協助辦理自動退稅，那投資人也可以享有這項服務。所以，這部分其實兩種管道的差距不大。

不過由於美股申請退稅的爭議較多，許多專業人士對這部分持否定看法，加上程序較繁瑣，所以除非投資人自認以後有能力處理這方面的稅務問題，否則就由券商自動退稅即可，沒有必要特別主動去申請，也可以避免日後面臨的稅務風險。

九、遺產處理

遺產處理是很多人在意的問題，如果是在國內或透過複

委託持有資產，投資人一旦身故，遺產繼承程序是依照國內法令辦理，程序較單純。有關遺產稅的免稅額目前是 1,330 萬元，若超過則採累進稅率，從 10% 到 20% 不等。

但如果是使用美國券商，遺產程序就要依照國外法令，處理門檻較高，遺產稅的免稅額只有 6 萬美元，超過就要採累進稅率，從 15% 到 35% 不等。另外，如果投資人身故後的繼承人並不知道有這筆海外資產，那就可能無法取得這筆資產。

所以相較之下，複委託的程序處理比較簡便，稅賦較輕，風險也相對較低。當然，選擇海外帳戶還是有解決的方法，比如開立法人帳戶、提前交代親人海外券商的個人資料及取回流程，或者去買與海外資產金額相當的壽險來對沖意外身故的風險，都是解決的方式。

以上三種投資管道的分析比較整理如表 28。

總結來說，三種平台各有優缺點，但要如何選擇呢？根據我的實務經驗，如果你的投資標的少，每年交易頻率低，屬於長線投資，或者對於資金安全及遺產處理特別在意，複委託應該就可以符合你的需求。但如果你的投資標種類較多，交易頻率較高，或者希望有更靈活的交易方式，比如融資券等，那麼就適合另外再開立美國券商。

表 28　三種投資管道的分析比較

	國內券商	國內券商複委託	美國券商
開戶方式	實體／線上	實體／線上	線上
金流方式	國內銀行帳戶 ✔	國內銀行帳戶 ✔	匯入（出）國外帳戶
手續費	手續費：0.0142%×2 證交稅：股票 0.3%，ETF0.1%	牌告是單筆固定手續費率及低消（通常有優惠方案）	多家免手續費（但要負擔匯費）✔
交易產品種類	選擇較少	選擇較少	最齊全（個股、ETF、公司債、選擇權、期貨……）✔
交易靈活度	限制多	限制多	最完整（信用交易、融資券、條件單）✔
股息再投入	無	無	有 ✔
定期定額（股）	有 ✔	有 ✔	多數無
退稅	無	如有 QI 資格可自動退稅	多家可自動退稅
遺產處理	遺產處理程序依照國內法令，遺產免稅額 1,330 萬元，超過採累進稅率 10% 到 20%。✔	遺產處理程序依照國內法令，遺產免稅額 1,330 萬元，超過採累進稅率 10% 到 20%。✔	遺產處理程序依照國外法令，遺產免稅額 6 萬美元，超過採累進稅率 15% 到 35%。

　　我個人則是兩種投資管道同時並用，會視不同的投資目的及策略互相搭配，如此可以幫助我的投資組合做更有效率的配置。

四大美國券商的特點與差異

看完前面的分析，如果想要開立美國券商帳戶來投資，通常在國內都是選擇下列四家，分別是「第一證券」（Firstrade，簡稱 FT）、「德美利證券」（TD Ameritrade，簡稱 TD）、「嘉信理財」（Charles Schwab，簡稱 CS）以及「盈透證券」（Interactive Brokers，簡稱 IB）。這四家券商都有中文介面和客服，開戶也很方便，而且網路上已有許多關於開戶流程的資料與介紹可供參考。接下來，比較一下它們有哪些差異。

一、**規模**：第一證券的規模較小，其他三家都有在美股上市，其中德美利證券和嘉信理財已經合併，不過目前業務還是各自分開營運，股票代號為 SCHW。嘉信理財是美國最大的網路券商，盈透證券則是全球最大的網路券商，股票代號是 IBKR。這幾家都有一定的規模且歷史悠久，是非常知名的美國券商。

二、**開戶門檻**：嘉信理財的開戶門檻較高，需要 25,000 美元；其他家券商的開戶則無金額限制，適合小資族。

三、**手續費**：第一證券、德美利證券、嘉信理財都是零傭金，只有盈透證券分成「IBKR LITE」及「IBKR PRO」

兩種版本，其中 PRO 版會收取手續費，有分「階梯式」及「固定式」；階梯式會按交易成交量分為不同的費率級距，至於固定式則為每股收 0.005 美元，單筆交易最低 1 美元。LITE 版雖然是零傭金制，但目前尚未開放給台灣投資人申請，所以現階段只能申請 PRO 版。

四、匯費：盈透證券的費用最低，只有 10 美元，而且每個月還會提供一次免手續費優惠；其他三家則是 25 至 35 美元不等，但部分券商有時會有補貼匯費的活動。

五、模擬帳戶：目前德美利證券和盈透證券都有提供模擬帳戶功能，讓新手在進場前可先練習操作。

綜合來說，這四家券商的特點如下：

第一證券：開戶簡便，可以申請國際提款卡（Debit Card），也是美股券商中文化的先驅。

德美利證券：平台功能較多。

嘉信理財：客服較優，過去可以申請國際提款卡（但目前已暫停開放台灣用戶申請）。

盈透證券：一個帳戶就能投資全球三十多個國家的金融市場（包含美、英、日、港、星），還能下單未上市股票，投資範圍最廣。另外它的平台和軟體功能非常強大，例如可

以針對投資組合提供進階的分析報告，用客觀數據量化你的投資組合報酬與風險的表現，對於評估投資與檢討績效有很大的幫助。 此外，帳戶內的閒置資金享有高利息，融資利率也較低，相較於其他券商更有優勢。

　　上述四家券商其實各有不同的特點，投資人可視個人需求做選擇，找到最適合的投資管道。

實戰智慧館 528

動能致富

每月2分鐘，創造超額報酬！
99啪教你活用動態資產配置，打造最高效投資組合

作　　者 —— 99啪

主　　編 —— 陳懿文
封面設計 —— 水青子
內頁排版 —— 中原造像 吳巧蕙
行銷企劃 —— 鍾曼靈
出版一部總編輯暨總監 —— 王明雪

發 行 人 —— 王榮文
出版發行 —— 遠流出版事業股份有限公司
　　　　　　臺北市中山北路一段11號13樓
　　　　　　電話：2571-0297　傳真：2571-0197　郵撥：0189456-1
著作權顧問 —— 蕭雄淋律師

2023年11月1日　初版一刷
定價 —— 新台幣380元（缺頁或破損的書，請寄回更換）

YL──**遠流博識網** http://www.ylib.com
E-mail:ylib@ylib.com
遠流粉絲團 https://www.facebook.com/ylibfans

國家圖書館出版品預行編目（CIP）資料

動能致富 : 每月 2 分鐘 , 創造超額報酬 !99 啪教你活用動
　態資產配置 , 打造最高效投資組合 /99 啪著 . -- 初版 . --
　臺北市 : 遠流出版事業股份有限公司 , 2023.11
　232 面 ; 14.8×21 公分
　ISBN 978-626-361-324-9(平裝)

　1.CST: 理財 2.CST: 股票投資

563.53　　　　　　　　　　　　　　　112016444